SECRETS OF CHAKRAS

First published in the UK in 2018 by **Ivy Press**

© 2018 Quarto Publishing plc
All rights rese+rved. No part of this book may be reproduced or transmitted in any form or by any means, electronic or mechanical, including photocopying, recording, or by any information storage-and-retrieval system, without written permission from the copyright holder.

Cover image: Vaclav Volrab, under license of shutterstock.com

実践
チャクラヒーリング

ジェニー・ハーディング 著

宮田 攝子 訳

目 次

本書の使い方 6

第1章：**チャクラを知る** **8**
チャクラとはなにか？／ヨーガと西洋社会／サンスクリット語のチャクラの名前／チャクラと身体のかかわりあい／チャクラのエネルギーのサインに気づく／チャクラ：探求の道

第2章：**7つのチャクラの特徴** **30**
基底のチャクラの特徴と色 32
仙骨のチャクラの特徴と色 44
太陽神経叢のチャクラの特徴と色 56
心臓のチャクラの特徴と色 68
喉のチャクラの特徴と色 80
第三の目のチャクラの特徴と色 92
宝冠のチャクラの特徴と色 104

第3章：**新しいチャクラと**
高次元のエネルギーレベル **116**
胸腺のチャクラ 118
　青緑色のクリスタル／アトラスシダーウッド
アルタメジャーまたは後頭部のチャクラ 120
　レインボームーンストーン／ジャスミンのエッセンシャルオイル
アーススターチャクラ 122
　黒い色のクリスタル／ベチバーのエッセンシャルオイル
ソウルスターチャクラ＆ステラーゲートウェイチャクラ ... 124
　純粋な光／ネロリのオイル

第4章：**チャクラに働きかける** **126**
カラーエネルギーサーキット／7つのチャクラのためのヨーガの連続ポーズ／7つのチャクラのセルフヒーリング／与えることと受け取ること／チャクラを色で描く／サポートが必要なチャクラを見つける／チャクラをダウジングする／アロマセラピーでチャクラのバランスを整える／チャクラヒーリングのための背中のマッサージ／クリスタルとチャクラのヒーリング／カラーヒーリング／音とチャクラ

第5章：日常生活におけるチャクラのエネルギー 176

職場でチャクラを観察する／宝冠のチャクラの人：発想家／第三の目のチャクラの人：設計者／喉のチャクラの人：伝達者／心臓のチャクラの人：世話係／太陽神経叢のチャクラの人：リーダー／仙骨のチャクラの人：橋渡し役／基底のチャクラの人：実行者／自分のチャクラの長所と短所をたしかめる

第6章：自宅におけるチャクラのエネルギー 196

基底のチャクラ：自宅は安心安全な場所／仙骨のチャクラ：自宅は人をもてなす場所／太陽神経叢のチャクラ：自宅は活力を与える場所／心臓のチャクラ：自宅は緑あふれる場所／喉のチャクラ：自宅は自分を表現する場所／第三の目のチャクラ：自宅は創造的な場所／宝冠のチャクラ：自宅は神聖な場所／チャクラの旅：気軽にはじめましょう

用語集 214
参考文献 216
おすすめのウェブサイト 218
索引 219

出版社からのお願い
本書に記載されている情報は、医学的なアドバイスの代わりとなるものではありません。
治療を必要とする症状がある方は、資格を有する医師、またはセラピストにご相談ください。

本書の使い方

チャクラの世界へようこそ。これから、わたしたちの身体にあるチャクラとよばれるエネルギーセンターを巡るすばらしい旅に出ましょう。この本は、チャクラについての理解を深め、チャクラとはなにか、どこにあり、どのようにわたしたちの身体と心と魂に作用しているのかを知るための手引きです。これを読めば、チャクラについてのあらたな理解が得られるでしょう。この本は、楽しくわかりやすくチャクラを学べるよう章立てされています。まずは、本を最初から最後までひと通り読んでみてください。そうすると、もう一度読みたくなる章が出てくるかもしれません。その内容が、あなたにより関係があるからです。チャクラを探ることは、とてもすばらしい個人的な体験となるでしょう。

重要なお知らせ

本書では、チャクラを活性化させる手法として、簡単なヨーガのポーズを紹介しています。妊娠中の方やなんらかの疾患をお持ちの方は、ヨーガをはじめる前に医師にご相談ください。また、本書の情報は、医学的なアドバイスに代わるものではありません。なんらかの身体的、精神的な疾患があると思われる方は、かならず医師の診察を受けてください。

チャクラの成り立ち

第1章では、古来のチャクラの意味やヨーガとのつながりを探り、チャクラの本質をひもときます。

7つのチャクラ

第2章では、7つのチャクラを順に見ていき、それぞれのチャクラの作用を体感し、チャクラを活性化させるための簡単な方法を紹介します。

あたらしいチャクラ

第3章では、基本的な7つのチャクラにあらたに加えられた、スピリチュアルなレベルの5つのチャクラについて説明します。

チャクラのヒーリング

第4章では、チャクラのエネルギーを整えるためのさまざまなヒーリングを紹介します。

チャクラと日常生活

第5章と第6章では、チャクラを意識しながら、仕事や家庭、人間関係において活力とやる気を高める方法についてお話しします。

本書の使い方

チャクラを知る

　この章では、チャクラそのものについて学び、チャクラとはなにか、チャクラという考え方はそもそもどこから来たのかを探っていきます。チャクラとは、身体と心と魂のバランスを整えるための古来のエネルギーシステムです。さあ、ヨーガやビジュアライゼーション（視覚化）などのエクササイズをおこなう準備をしましょう。チャクラを知るには、チャクラがどのように感じられるかを自分で体験するのがいちばんです。

チャクラとはなにか？

チャクラとは、人間の身体に存在し、活力を与える生命エネルギーの表れです。チャクラは回路を形成しており、この回路を通じて生命エネルギーがエネルギーの中枢から中枢へと順に流れ、身体を活性化します。

チャクラは、脊柱に沿って7つの主要なエネルギーセンターがある図で表されます。7つのチャクラには虹の七色があてはめられ、脊柱の基底は赤色、下腹部はオレンジ色、みぞおちは黄色、胸の中央は緑色、喉は淡い青色、眉間は藍色、頭頂部は紫色です。

チャクラは、その名前にも重要な意味があります。「基底」は、安定させる力があることを示しています。「仙骨」は、脊柱の付け根にある三角形の骨のことです。「太陽神経叢」は、腹部にある神経中枢に関係し、ストレスを感じたときは、ここで神経性の胃痙攣が生じます。「心臓」は身体の心臓そのものではなく、チャクラシステム全体のバランスの中心点であることを

指しています。心臓のチャクラの上に3つ、下にも3つのチャクラがあります。「喉」のチャクラは、喉の付け根にあります。「第三の目」のチャクラは眉間にあり、脳の松果体と関連があります。「宝冠」のチャクラは、頭頂のちょうど宝冠をかぶる部分にあります。聖人の絵で、聖人の頭の後ろに描かれている後光も、この部分を象徴しています。

"チャクラ"は、サンスクリット語で「車輪」を意味します。右の図のような静止した状態ではなく、実際は回転していて、さらに身体の前面と背面にあります。脊柱はチャクラをつなぐ役目を果たします。サンスクリット語で"プラーナ"と呼ばれる生命エネルギーは脊柱に沿って流れ、ぐるぐると渦を巻きながらチャクラを通りすぎていきます。

14ページでは、生命エネルギーが身体に入り、それぞれのチャクラを通って流れていくのを感じるためのビジュアライゼーションを紹介します。

チャクラを知る **チャクラとはなにか**

ヨーガと西洋社会

東洋の思想を西洋にもたらす
スワミ・ヴィヴェーカーナンダは、ヨーガやその思想をはじめて西洋社会に紹介したインドの宗教指導者のひとりです。

ヨーガと西洋社会

　1890年代にスワミ・ヴィヴェーカーナンダ（1863-1902）をはじめとするインドの宗教指導者がアメリカやヨーロッパ各地を訪れ、東洋と西洋の結びつきを強めました。スワミ・シヴァナンダ（1887-1963）、B.K.S.アイアンガー（1918-2014）、クリシュナマチャリア（1888-1989）などの著名なヨーガの師たちは、さまざまなスタイルのヨーガやそれに関連した思想を西洋で普及させました。1950年代には、アメリカ人のテオス・ベルナルドとリチャード・ヒトルマンがインドを訪れてヨーガとその思想を学び、帰国後、みずから人びとに伝授しました。1960年代には、マハリシ・マヘーシュ・ヨーギらが西洋の人びとに瞑想を指導したことで、ヨーガをはじめとするインドの文化や思想に対し、一気に関心が高まりました。現在でも、ヨーガと瞑想は世界中でもっとも実践されているストレス発散法です。

　ヨーガから派生したチャクラシステムは、ホリスティックヒーリングの理論的根拠となっており、レイキ、リフレクソロジー、クリスタルヒーリング、カラーヒーリング、スピリチュアルヒーリング、アロマセラピーなど、さまざまなヒーリングセラピーとも結びついています。

　チャクラシステムは、ヨーガの基本的側面です。ヨーガはサンスクリット語で"結びつける"という意味をもち、"アーサナ"と呼ばれるさまざまな身体的ポーズをとりながら、身体と精神と魂の結びつきを模索するものです。ヨーガは、アーユルヴェーダとよばれるインドの伝統的医学から発展しました。サンスクリット語で"生命の科学"を意味するアーユルヴェーダは、医学だけでなくヒーリングや精神性、ホリスティックな生活までを含み、何千年も前からインドで実践され、現在でもインドをはじめ世界中で実践されています。ヨーガやチャクラシステムは、インド古来のヒーリングシステムであるアーユルヴェーダから派生したものです。

書きとめる
このビジュアライゼーションは、記録をとりながらおこなうとよいでしょう。

エネルギーがチャクラを流れるのを感じる

チャクラを理論的に学ぶと同時に、自分の身体でも体感することが大切です。これから紹介する簡単なエクササイズで、エネルギーが身体に入り、すべてのチャクラを通過して出ていくのを感じましょう。

1 背もたれのしっかりした椅子に楽な姿勢ですわります。足の裏をしっかりと床につけ、背筋を伸ばし、手をひざの上に軽く置きます。深呼吸を2、3回繰り返し、リラックスします。

2 このエクササイズをしているあいだは目を閉じて、静かに呼吸を繰り返します。

3 足が床についているのを感じます。地中の奥深くから金色のエネルギーが上がってきて、足の裏から入り、足を上がって脊柱の付け根まで流れていくのをイメージします。

4 さらにこのエネルギーが腹部からみぞおちへと上がっていくのをイメージします。息を深く吸い、エネルギーが胸の中央に流れこむのを感じます。

5 さらにエネルギーが喉を通り、眉間までのぼっていくのをイメージします。エネルギーがしばらくそこにとどまるのを感じ、それから頭頂部へとのぼっていくのを感じましょう。エネルギーが頭頂部を通過して、あなたを星に結びつけるのをイメージします。

6 つぎに息を吸いながら、白い光が頭頂部から入ってきて、噴水のように眉間から喉、胸部、腹部、脊柱の付け根へと流れ、足を通って足の裏から地面へと抜けていくのをイメージします。これで、プラーナとよばれる生命エネルギーがすべてのチャクラをひと巡りしました。こうしてエネルギーを足の裏から頭頂部へと吸いこみ、頭頂部から足の裏へと吐きだすことを繰り返すことで、"エネルギーの循環"をおこなえます。

7 最後に数回深呼吸して、目を開けます。身体がどのように感じられるかを観察してください。

チャクラを知る **ヨーガと西洋社会**

サンスクリット語のチャクラの名前

脊柱に沿ってある7つのチャクラは通常、西洋で「基底（ルート）」「仙骨（セイクラル）」「太陽神経叢（ソーラープレクサス）」「心臓（ハート）」「喉（スロート）」「第三の目（サードアイ）」「宝冠（クラウン）」とよばれています。しかし、インドでは昔から、すべてのチャクラに特別な名前がつけられており、これらを理解すればチャクラへの理解が深まります。

右の表のように、サンスクリット語の名前の意味は、チャクラのエネルギーを理解するためのあらたな手がかりとなります。"根を支えるもの"を意味する「ムーラダーラ」を"千枚の花弁をもつ蓮華（蓮の花）"を意味する「サハスラーラ」に結びつけて考えると、悟りの境地に至るには、大地に"根ざす"ことも大切だということがわかります。"みずからの住処"を意味する「スワディスターナ」は、感情的なストレスによって痛みやうずきが出やすい箇所（仙骨）です。"宝石の場所"を意味する「マニプーラ」は、太陽神経叢が本来どのような状態であるべきかを示していますが、ここも理想とは裏腹に緊張を感じることが多い箇所です。心臓のチャクラの「アナーハタ」は"傷がない"という意味ですが、心の中の感情は大きな不安や動揺を生じさせることもあります。"浄化"を意味する「ヴィシュッダ」は喉にあり、わたしたちはそこから言葉を発しますが、それはやさしい言葉ばかり

西洋の チャクラ名	サンスクリット語の チャクラ名
基底 （ルート）	ムーラダーラ
仙骨 （セイクラル）	スワディスターナ
太陽神経叢 （ソーラープレクサス）	マニプーラ
心臓 （ハート）	アナーハタ
喉 （スロート）	ヴィシュッダ
第三の目 （サードアイ）	アジナ
宝冠 （クラウン）	サハスラーラ

ではありません。"命令"を意味する「アジナ」は、額にある第三の目ですが、ストレスにより頭痛を起こしやすい箇所です。

こうした古来のサンスクリット語の名前は、

意味	シンボル
サンスクリット語で"根を支えるもの"を意味し、グラウンディング（大地と結びつける）作用に関連しているエレメントは地	
"みずから"を意味する"スワ"と"住処"あるいは"座"を意味する"アディスターナ"という2つのサンスクリット語からなるエレメントは水	
"宝石"の"マニ"と"場所"の"プーラ"という2つのサンスクリット語からなるエレメントは火	
サンスクリット語で"傷がない"を意味するエレメントは風	
サンスクリット語で"浄化"を意味するエレメントはエーテル	
サンスクリット語で"命令"を意味するエレメントを超越したスピリチュアルなチャクラのひとつ	
サンスクリット語で"千枚の花弁をもつ"という意味、千枚の花弁をもつ蓮華（蓮の花）を指す悟りの象徴	

チャクラの意味を掘り下げる手がかりとなり、
チャクラが身体と心に与えうる影響を示してい
ます。

チャクラと身体のかかわりあい

エネルギーの流れ
鍼治療など古来の東洋医術では、人間の身体には人生のすべての局面に影響を及ぼすエネルギーシステムがあるとされます。

ここまで読んで、チャクラは身体とどのようにかかわっているのだろうと疑問に思いはじめたのではないでしょうか。すでにお話ししたように、チャクラはエネルギーセンターであり、解剖学的な実体をもつものではありません。西洋ではこうした概念は受け入れられにくく、正統派の西洋医学や科学では、身体のなかにエネルギーシステムがあるという考えは否定されています。しかし、東洋ではインドのアーユルヴェーダ、中国の鍼(はり)治療、日本の指圧などの治療法が昔から実践されています。これらはみな、気(き)とよばれる生命エネルギーが全身を流れ、一生にわたり身体に影響を与えるという考え方に基づいています。

20世紀初めに、アリス・ベイリーをはじめとする西洋の神秘主義伝道者たちがチャクラを身体の内分泌腺と関連づけるようになりました。この考え方は現在でも、ホリスティックヒーリングの理論的根拠となっています。内分泌系は繊細な人間の生理機能であり、脳が身体とやりとりしながらその機能をコントロールしています。

たとえば、腎臓の上にある副腎はアドレナリンやコルチゾールなど、さまざまなホルモンを分泌しています。精神的なストレスが脳に悪い作用を及ぼすと分泌腺が刺激され、ホルモンの過剰分泌が起こり、身体のバランスが崩れるおそれがあります。副腎は仙骨のチャクラと関連があるので、仙骨のチャクラのバランスを整えれば、脳と身体のつながりを改善し、健康を増進することができます。

もういちど繰り返しますが、チャクラが身体に与える影響は、きわめて微細でとらえがたいものです。ホルモン系と関連づけたのは、東洋における生命エネルギーの概念を西洋流に説明するためなのです。

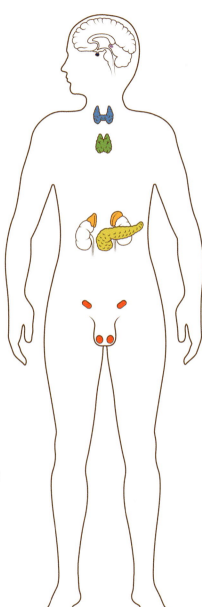

第三の目の
チャクラ
腺：脳下垂体
ホルモンの働き：全身に影響を与える重要なホルモン分泌腺

喉の
チャクラ
腺：甲状腺
ホルモンの働き：身体の代謝や体温を調節する

仙骨の
チャクラ
腺：副腎
ホルモンの働き：ストレスホルモンを調節する中枢

基底の
チャクラ
腺：生殖腺（男性は精巣、女性は卵巣）
ホルモンの働き：生殖機能

宝冠の
チャクラ
腺：松果体
ホルモンの働き：睡眠などのバイオリズムを調節する

心臓の
チャクラ
腺：胸部中央の胸腺
ホルモンの働き：免疫系の一部

太陽神経叢の
チャクラ
腺：膵臓（すいぞう）
ホルモンの働き：代謝や血糖値のバランスに影響を与える

チャクラを知る　チャクラと身体のかかわりあい

チャクラとヨーガ

チャクラは、ヨーガを実践する際の基本的側面です。アーサナとよばれるヨーガのポーズでは、脊柱を曲げたり伸ばしたりしますが、この脊柱はチャクラが並んでいる身体の主要な経路にあたり、ヨーガのポーズが異なれば、働きかけるチャクラも変わります。ポーズをとりながら、そのチャクラが開き、エネルギーが流れこむのをイメージすれば、とても効果的にチャクラを活性化できます。

一般的なヨーガの教室では、さまざまなポーズを連続してとるので、レッスンが終わるころには全身のバランスがはるかに整ったように感じられるはずです。特定のチャクラに働きかけるヨーガのポーズをいくつか紹介します。

ここではポーズを簡単に示しているだけですが、第2章では、それぞれのチャクラをさらに探求し、そのチャクラに最適なヨーガのポーズを写真付きで詳しく説明しています。

「ひざを胸にかかえるポーズ（アパナーサナ）」
仰向けに寝て、両足を伸ばします。片方のひざを胸にかかえます。このポーズで基底のチャクラを地面にしっかり押しつけることができます。

「鋤のポーズ（ハラーサナ）」

仰向けに寝て、両足を上げて頭の後ろ側に下ろし、足先を床につけます。（このポーズは難易度が高いので、ヨーガの先生にお手本を見せてもらいましょう）。このポーズは喉のチャクラを刺激します。

「コブラのポーズ（ブジャンガーサナ）」

うつ伏せに寝て、両腕で支えながら上体を起こします。このポーズは胸部を開き、心臓のチャクラを刺激します。

「チャイルドポーズ（バラーサナ）」

うずくまり、手足を丸めこんで、子宮の中にいるようなポーズです。全身をリラックスさせ、仙骨のチャクラのバランスを整えなおすのにも適しています。

チャクラとホリスティックヒーリング

虹の七色（赤、オレンジ、黄色、緑、淡い青、藍、紫）をもつチャクラシステムは、さまざまなホリスティックヒーリングにも不可欠な要素です。チャクラシステムと関連の深いヒーリングを紹介します。

カラーヒーリング
これは、施術者が自分の手を通してチャクラの色を相手の身体にじかに送りこむタイプのヒーリングです。ヒーリングを受ける人は、リラックスした状態で横になっているだけです。施術者はチャクラの色を見ることができる人たちですが、ヒーリングを受ける人は、赤、オレンジ、黄色の光を送られているときは"あたたかい"、緑、青、紫の色を送られているときは"冷たい"と感じるかもしれません。カラーヒーリングは、脊柱沿いにあるチャクラだけでなく、身体のどこにでも施すことができます。

シンギングボウルを使ったサウンドヒーリング

チャクラは、さまざまな音にも反応します。昔からチベットでは、7種類の金属を組み合わせて手作りされた特殊なボウルを、それぞれのチャクラに作用する音階に調整して使っています。このボウルは、木の棒で縁をなぞって音を出すことで"演奏"します。音を出して振動させたボウルをヒーリングを受ける人の身体のわきや上に置きます。ボウルが発する音はきわめて心地よく、脳のはたらきにも効果的です。

クリスタルヒーリング

クリスタルや石には、さまざまな色や形があり、これらもチャクラに調和をもたらします。クリスタルヒーリングでは、身体のさまざまな部位にクリスタルを置いて、チャクラのバランスを整え、身体を回復させます。クリスタルヒーラーは、ヒーリングを受けている相手のエネルギーを高められそうな石を選び、もっとも効果的だと思われる箇所に並べます。

チャクラを知る　**チャクラと身体のかかわりあい**

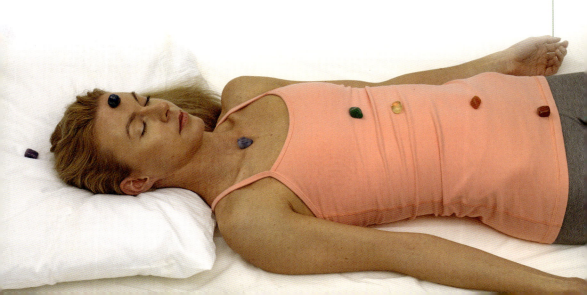

チャクラの
エネルギーの
サインに気づく

これから、チャクラのエネルギーを感じとる方法を探ります。自分の気持ちや経験、人とのかかわり方が、ある特定のチャクラのエネルギーが低かったり、バランスを崩したりしていることの表れだとわかれば、きっと驚くことでしょう。こうしたサインがわかるようになれば、チャクラのエネルギーに働きかけて、バランスを回復させ、心身に大きな恩恵を与えられます。

「自分の経験しているさまざまなことが、チャクラのエネルギーとどうかかわっているのだろう？」と思われるかもしれません。すでにお話ししたとおり、チャクラシステムは体全体に広がり、縦一列につながっています。特定の感情や感覚は、特定のチャクラの反応を引き起こします。長い間、同じ感情や感覚が繰り返し生じるようなら、それは特定のチャクラが身体に影響を与え、あなたにメッセージを送っているのでしょう。チャクラはあなたが身体とコミュニケーションをはかる手助けをします。

基底のチャクラのサイン

もし自分が弱くなったように感じたり、だれにも支えられていないと感じたり、物質的、肉体的な生存に不安を抱いているのなら、基底のチャクラのバランスを回復させる必要がありそうです。ここはチャクラシステムの基礎。チャクラを表す図では、すわっている人物は三角の形をしており、この三角形をしっかり安定させているのが、三角形の底辺です。基底のチャクラは脊柱の付け根にあり、チャクラシステム全体に強力でポジティブなエネルギーを送っています。腰痛や強い疲労感をおぼえるのも、基底のチャクラのエネルギーが低下しているサインです。基底のチャクラのバランスを整え活性化させることで、自信と強さを取り戻せます。34-43ページで、基底のチャクラを活性化させる方法を紹介しています。

仙骨のチャクラのサイン

仙骨のチャクラは、身体の前面ではへそのすぐ下にあり、背面では腰にある三角形の仙骨と関連しています。仙骨のチャクラのエネルギーは、感情や親密な人間関係、あるいは一般的にあなたが他人とのかかわりをどのように感じているかということと関係しています。なかなか自信がもてなかったり、人間関係において他人に気持ちを踏みにじられたりすることが多いと感じているなら、仙骨のチャクラを活性化する必要がありそうです。また、このチャクラは泌尿生殖器系に影響を及ぼしているので、尿路感染を繰り返し起こすなどのサインは、このチャクラと関係があるのかもしれません。仙骨のチャクラのエネルギーを活性化すれば、自信と活力を取り戻せるでしょう。46-55ページで、仙骨のチャクラを回復させる方法を紹介しています。

太陽神経叢のチャクラのサイン

太陽神経叢のチャクラは、腹部上端、肋骨のすぐ下にあります。ここは、精神的、感情的なストレスをもっとも感じやすい箇所です。試験前に緊張する、人前で発表するのが不安だ、面接を受ける、歯医者に行くなど、怖いと思うことに直面するたびに、神経性の胃痙攣が生じますが、これは太陽神経叢のチャクラによって引き起こされる作用です。ストレスが生じる状況が繰り返し起こると、このチャクラが急速に弱まります。58-67ページで、自分への信頼と自信を取り戻すために太陽神経叢のチャクラを回復させ、活性化させる方法を紹介しています。

> **順序よくバランスを整える**
>
> 上3つのチャクラ（喉、第三の目、宝冠）は、チャクラシステムのなかでも高次元のエネルギーをもっています。これらのチャクラは、下4つのチャクラのバランスを整え、回復させたあとに取り組むのがいちばんです。身体的、感情的にチャクラシステムのバランスを整えてから、よりスピリチュアルなレベルのエネルギーに働きかけてください。

心臓のチャクラのサイン

前にもお話ししましたが、心臓のチャクラを身体の心臓と混同しないでください。心臓のチャクラは7つのチャクラの真ん中に位置し、チャクラシステム全体のバランスの中心点で、上にも下にも3つずつチャクラがあります。心臓のチャクラは、愛、思いやり、平和、調和と結びついています。情緒不安や深い悲しみの影響を強く受け、ときにはそれを肉体の痛みとして感じます。人間関係の破局、パートナーの喪失や死別は、きわめて敏感なエネルギーセンターである心臓のチャクラのバランスを乱します。70-79ページで、心臓のチャクラをサポートし、いやすための方法を紹介しています。愛があなたの人生を再生させる源となります。

喉のチャクラのサイン

喉のチャクラは首の付け根にあります。ここは声を発する場所、話したり、歌ったり、表現したり、自分の話を世界に伝えたりする場所です。感情的、社会的なプレッシャーのために話せないと感じていると、このチャクラに悪影響を与えます。治りにくい咽頭炎や喉が詰まっているような感覚は、喉のチャクラにサポートが必要なことを示しています。このチャクラのバランスを整えれば、自分への信頼を取り戻し、ありのままの自分を受け入れ、みずからの声で意思表示できるようになります。82-91ページで、喉のチャクラのバランスを回復し、活性化するための方法を紹介しています。

第三の目のチャクラのサイン

第三の目のチャクラは、眉間の溝のすぐ上にあります。ここは、内なるビジョンや直観力を高めるエネルギーセンターで、とりわけ瞑想を通して働きかけられます。新しい考えに抵抗感を抱いたり、新しいことを学びたがらなかったりするときは、第三の目のチャクラにエネルギーが不足しているサインかもしれません。額全体が痛くなるストレス性の頭痛や精神的な緊張も、このチャクラがサポートを必要としているサインです。このチャクラのバランスを整えれば、直観的なガイダンスに対して心が開かれ、創造的な考え方ができる準備が整います。94-103ページで、第三の目のチャクラのバランスを整えて回復させるための方法を紹介しています。

宝冠のチャクラのサイン

宝冠のチャクラは、宇宙の源、スピリット、神など霊的なエネルギーと認識されるものとつながりをもち、チャクラシステムの最上位に位置します。きわめて繊細なチャクラなので、ほかのすべてのチャクラのバランスを整えて回復させたあと、意識的に活性化するのがいちばんです。治りにくい頭痛や不気味な夢は、このチャクラのバランスが乱れているサインかもしれません。106-115ページで、宝冠のチャクラのバランスを整えて活性化させる方法を紹介しています。

チャクラ：探求の道

インスピレーションを感じる
チャクラを巡る旅の始まりは、とてもワクワクするものです。この旅で自分についてさらに多くのことを学び、その洞察を人生に活かしましょう。

チャクラに働きかけることは、さまざまなエネルギーレベルを探求することです。エネルギーレベルをより深く理解すれば、7つのチャクラに働きかけ、その恩恵を日々の暮らしでも感じられます。

チャクラを探求する巡礼の旅は、"エネルギーの地図"にしたがって進むようなもの。それぞれのチャクラは、異なる種類の情報をあなたに示す重要な道しるべです。心で理解したり、目で見たりできることもあれば、身体で体感したり、自分の内面に対する意識を高めたりする必要があることもあります。それには、ひとまず立ちどまり、手をとめて、大きく呼吸し、感じとる必要があるでしょう。これは重要なことです。なぜならエネルギーワークとは、さまざまな段階のエネルギーの存在を体験することですが、わたしたちはたいていの場合、忙しすぎて、そうすることができないからです。

本書を読めば、チャクラに働きかけるさまざまな方法を学び、その効果を実感できます。より自分に適していると感じられる方法も見つかるはずです。つねに自分の直観を信じて進みましょう。これは、あなたの個人的な旅。自分が納得できるやり方を見つけてください。

7色のサインペンを用意して、メモをとるのもよいでしょう。気づいたことを書き留めたり、自分が体験したことをチャクラの色ごとに描いたりしましょう。

いちばん大切なのは、この旅を楽しむことです！

チャクラを知る　**チャクラ：探求の道**

7つのチャクラの特徴

　この章では、7つのチャクラをひとつずつ詳しく見ていきます。それぞれのチャクラがどこにあるのか、どのように意識を向ければいいのか、チャクラがサポートを必要としているサインはなにかを学びましょう。チャクラを感じとり、働きかけ、活性化させるためのさまざまな道具やエクササイズも紹介します。この章を読むことは、旅をするようなもの。7つのチャクラのエネルギーをすべて巡る、じつに実り多い発見の道となるでしょう。

基底のチャクラの
特徴と色

エネルギーの地図上の最初のチャクラは、基底のチャクラです。基底のチャクラのエネルギーは、力強く活発で、あたたかみと活力に満ちています。身体に力を与え、肉体的な健康を回復させ、行動力や創造力、再生のエネルギーを伝達します。基底のチャクラが働いているときは、すばらしい考えを現実のものとすることができます。頭の中のものごとが、実際に形あるものになるのです。たとえば、休暇をとりたいとずっと考えていたとしても、実際に旅に出るまでは、現実のものではありません。腰を上げ、行動を起こすパワーをあなたに与えてくれるのが、基底のチャクラなのです。

基底のチャクラの色は、赤、じつにあざやかな深紅色です。赤は血の色。血は、生命の源である酸素を細胞に届け、身体に強さと活力を与えます。赤は刺激を与える色なので、心と魂も活気づけます。バラやボタンのような真紅の花は、とても華やかで魅力的で、まっさきに人の目を引きつけます。

安心して生きる

基底のチャクラの赤色のエネルギーは、わたしたちを大地につなぎとめ、安定した状態にしてくれます。基底のチャクラのための簡単なアファーメーションは、「わたしは生きている」。この言葉を唱えると、自分の内面でも日常生活でも、強さと安心感を抱くことができます。行動するためのエネルギーを与え、自分は「正しい方向に進んでいる」と感じさせ、自信をもって積極的な手段をとることができます。基底のチャクラは、滋養に富んだ大地のエネルギーを取りこんでチャクラシステム全体に流し、わたしたちの身体と心と魂をサポートして活気づけます。

ものごとを頭でばかり考えたり、精神的なストレスや負担を感じていたりすると、基底のチャクラのエネルギーはすぐに消耗してしまいます。エネルギーが回復すると、心が集中できて強くなり、今この瞬間にバランスがとれていて、人生を前進させようとするエネルギーが湧いてきます。

基底のチャクラを感じとる

基底のチャクラは、脊柱の付け根にあります。椅子にすわり、背骨が椅子と接する箇所が、基底のチャクラの位置です。

あぐら、あるいは両足を太ももの上で組む"蓮華座(れんげざ)"のポーズ（身体が柔軟な人だけがおこなってください）で床にすわると、脊柱の付け根と大地との間により強いつながりが感じられるでしょう。基底のチャクラで重要なのは、"グラウンディングされている（大地とつながっている）"と感じること、すなわち大地とつながり、そのパワーを身体へと取りこむことです。慌ただしい1日の中で、ほんの数分間でもこのようにすわれば、心が穏やかになり、頭も冴えてくるはずです。この姿勢は、背骨を正しく調整し、エネルギーをすべてのチャクラに流れやすくするので、瞑想にも最適です。

基底を安定させる

基底のチャクラの位置は、大地とつながることの重要性を教えてくれます。多くの人が慌ただしい毎日をすごし、理性に支配され、頭で考えてばかりいます。腰痛や腰のこわばりなどの身体的な問題や疲労感、活力不足、なにごともまるでやる気が起こらないなどの症状は、基底のチャクラがサポートを必要としているサインです。

つながりのチャクラ

基底のチャクラは、帰属意識も象徴し、自分のルーツがどこにあるか、住んでいる場所とどのような結びつきを感じているかも表します。疎外感をおぼえ、"自分の居場所がわからない"と感じている人は、基底のチャクラに意識を向ければ改善できます。

このチャクラのバランスを整えて活性化させ、内面の強さと活力を回復させてくれる簡単な方法を今から紹介します。

基底のチャクラのためのヨーガのポーズ

床の上で足を組んですわれば、脊柱と大地を結びつけられると前のページで書きましたが、これは、初心者や身体が硬い人には向いていないことがあります。ヨーガの「山のポーズ」という立ちポーズでも、基底のチャクラを活性化できます。このポーズで、大地のエネルギーを足から吸い上げ、足を通して脊柱の付け根、さらには全身へと流しましょう。

1 このポーズは裸足でおこなうのがいちばんです。カーペットかマットを敷いた床に立ちます。自然な呼吸をしながらポーズをとり、ポーズをとったまま数回深呼吸を繰り返し、また自然な呼吸をしながらもとの姿勢に戻ります。

2 両足をそろえて立ち、両腕を身体のわきに下ろします。バランスをとりにくいときは、両足を15センチほど開いてもかまいません。

3 足に意識を集中し、5本の足の指を上げ、指と指の間を広げて、また床につけます。足がしっかり大地とつながっているのを感じます。

4 ひざをわずかに曲げたまま、足全体を伸ばします。腰とおしりの力を抜き、まっすぐ前を向くようにします。

5 上半身を伸ばし、背骨が広がるのを感じます。

身体と心

このポーズは簡単そうに見えますが、はじめのうちはポーズを保つのがむずかしいかもしれません。このポーズのように"集中して立つ"ことは、身体と心を強化し、脊柱や姿勢にもよい効果をもたらします。また、足の下にある大地への意識も高めます。

6 胸を軽く膨らませ、鎖骨が外側に広がるのを感じます。腕の力を抜いて、身体のわきに垂らします。

7 首を長く保ち、じっと前を見つめます。

8 息を吸いながら、赤色のエネルギーが地中から上がってきて足に入り、足をつたって、脊柱の付け根にある基底のチャクラまで上がってくるのをイメージします。数回深呼吸して、エネルギーが体中に流れるのを感じましょう。深呼吸を繰り返しながら、1分間ほどこのポーズを保ちます。それから、しずかにひざを曲げ、もとの姿勢に戻ります。

③

④

⑤

基底のチャクラのための瞑想

これは、山をテーマとして基底のチャクラを活性化させる瞑想です。静かな場所で、背もたれのある椅子にゆったりとすわります。足は組まず、手はひざの上に軽く置きます。下のやり方で基底のチャクラへの想像の旅に出ましょう。この文章を録音し、聞きながら瞑想してもよいでしょう。

瞑想

ゆっくりと深呼吸を数回します。心地よくリラックスして椅子にすわっているのを感じます。心を鎮め、雑念が浮かんでも、そのまま放っておきます。

目を閉じます。意識を脊柱の付け根に集めます。おしりの骨が椅子に当たっているあたりです。静かに呼吸してリラックスします。

さあ、自分が美しい山に向かって道を歩いていくのをイメージしましょう。その風景はどこかで見たことがあるものかもしれないし、完全に想像上のものかもしれません。目の前にそびえ立つ山にひたすら意識を集中します。ふもとは大地にしっかり根ざし、山頂は天を突いています。山のパワー、安定感、ふもとの強固さを感じ、空気が澄んできれいな山頂の高次元のエネルギーを感じとります。

すわって呼吸を繰り返しながら、今度は自分が山そのものであることをイメージします。足から脊柱の付け根までが、山のふもと。強くて安定し、大地とつながっています。息を吸って真紅色のエネルギーを足から吸いこみ、足を通じて、脊柱の付け根にある基底のチャクラへと送ります。基底のチャクラがこのエネルギーを吸収するのを感じます。呼吸しながら、このチャクラに大地の赤いヒーリングエネルギーをたっぷりと注ぎこみます。しばらくこのまますわっています。

深呼吸を数回して、目を開け、部屋に意識をもどします。この瞑想でどんな効果があったかを書き留めたり、自分が見たイメージを絵に描いたりするとよいでしょう。

基底のチャクラを活性化させる方法 ヨーガのポーズ

や瞑想以外にも、基底のチャクラを活性化させる方法があります。これから紹介する方法は、頭で考えてばかりで、まったくグラウンディングされていない人にとくに適しています。グラウンディングされているとは、基底のチャクラとの関連でいえば、自分が今どこにいるかをしっかり意識していること。これは、たんなる場所だけでなく、帰属意識や"ここが自分の居場所だ"とわかっていることも指します。基底のチャクラのエネルギーは、実用的であたたかく創造的な意図をもってものごとをおこないます。

裸足で立つ

これは、裸足で外に出て、地面や芝生の上に立つだけの簡単なエクササイズです。たとえ寒い日でも、しばしの間、自分の足でじかに大地を感じるだけで、今この瞬間に戻ることができます。精神的なストレスを抱えているときにとても効果的です。

土を掘る

ガーデニングや土遊びなど、土とふれあうことは、基底のチャクラのエネルギーにとても効果的です。土とふれあう仕事は、植物の成長を促すエネルギーも生み出します。手で大地にふれることは、ストレスの発散にもなり、大きな幸福感が得られることが研究でも明らかにされています。

料理を一からつくる

生地をこねてパンを焼く、ケーキをつくる、手のこんだオーブン料理をつくるなど、自分だけでなく人のためにも心あたたまる食べ物をつくれば、エネルギーが湧きおこります。実用的なことですが、身体にも心にも効果があります。

足先を温める

料理もガーデニングもめんどくさいという人は、基底のチャクラの赤い色を活用しましょう。冷え性の人なら、真っ赤な色の靴下を履いてみます。活力に満ちた赤い色が心と身体を刺激して、基底のチャクラのエネルギーを感じさせます。

7つのチャクラの特徴　**基底のチャクラの特徴と色**

基底のチャクラのエネルギーを高める道具

日常的に実践できるエクササイズのほかにも、自然界のものを使って、基底のチャクラを活性化させることができます。

レッドジャスパー

　レッドジャスパーは、入手しやすい石です。微細な石英の結晶に酸化鉄が混じったもので、赤レンガ色の石の色は、この酸化鉄によるものです。"タンブル"とよばれる研磨された小石の形で、よく売られています。レッドジャスパーは、基底のチャクラのバランスを整え、活性化します。古代では、霊的なものから身を護るための装身具としてしばしば用いられました。緊迫した状況に対処しなければならないときや威圧的なエネルギーを発する相手と会わざるをえないときは、レッドジャスパーをポケットかバッグに入れておきましょう。この石があるとわかっていれば、基底のチャクラのエネルギーが高まり、きっと自信が湧くでしょう。

ベンゾイン

　ベンゾイン（安息香）は、インドネシアに自生するアンソクコウノキからとれる樹脂です。樹皮に傷をつけ、にじみ出た樹脂を固化させて採集します。この樹脂をアルコールで溶かすと、どろりとしたエッセンシャルオイルになります。ベンゾインのエッセンシャルオイルは赤みがかった色をしています。とろけるように甘くてあたたかみがある、バニラのような香りは、緊張や不安をやわらげ、心にやすらぎを与えます。アロマバーナーに4滴ほど垂らすか、ティッシュに染みこませて窓際に置けば、すばらしい香りが部屋中に広がります。この香りをかぎながら基底のチャクラのための瞑想やヨーガの「山のポーズ」をおこなえば、ベンゾインのエネルギーでより充実したものになります。

7つのチャクラの特徴　基底のチャクラの特徴と色

基底のチャクラのエネルギーを高める道具

ベンゾインのオイル	レッドジャスパー	山のテーマ

43

仙骨のチャクラの特徴と色

仙骨のチャクラは、チャクラシステムにおける第2のエネルギーレベルです。感情の場で、人生における人間関係とかかわりがあります。家族や友人、恋人とのやりとりはすべて、仙骨のチャクラをはぐくむこともあれば、消耗させることもあります。たとえ1人で暮らしていても、自分自身との関係において同じことがいえます。仙骨のチャクラのエネルギーは、人生の基礎となるもの。仙骨のチャクラを活性化させる簡単なアファーメーションは、「わたしは感じる」。この言葉は、仙骨のチャクラがすぐれた感性の場であることを示しています。

仙骨のチャクラの色は、あたたかみのあるオレンジ色。明るく前向きで魅力的な色であり、自信と寛容さをうながす輝きを放っています。太陽のようなはつらつとした色で、夏に戸外で過ごす喜びや陽光あふれる場所で休暇を過ごすワクワク感のような自由と広がりを感じさせます。

生殖力

仙骨のチャクラは、性的な中心でもあります。仙骨のチャクラのエネルギーは、生殖にかかわるすべての器官や系(システム)に広がっています。子どもをつくるつもりなら、仙骨のチャクラを活性化して健全に保つことはとくに重要で、これはパートナーの双方に当てはまります。東洋では、子どもをつくろうとしている人のエネルギーの健全さは、身体の健康と同じくらい重要視されています。ですから、チャクラのバランスを整えることは、肉体的にもエネルギー的にも最高の状態で受精が起こるようにするためのとてもよい取り組みです。

仙骨のチャクラに働きかけることは、感情的な関係や性的な関係のバランスと健全さを保つのにも役立ちます。

満足感を得る

仙骨のチャクラは、豊かさともかかわっています。豊かさという概念は、繁栄と混同されがちで、お金を意味することもありますが、人生のあらゆる局面において前向きなエネルギーを受け取ることも意味します。仙骨のチャクラのエネルギーが低下していると、豊かさの流れも断ち切られ、「十分ではない」という欠乏感や不安を感じるようになります。仙骨のチャクラのあたたかいエネルギーを回復させれば、豊かなエネルギーがふたたび流れるようになるでしょう。

仙骨のチャクラを感じとる

仙骨のチャクラは、仙骨とよばれる、脊柱の下部にある三角形の骨の上端にあります。上の図では腰にあるオレンジ色の模様が、仙骨のチャクラを表しています。基底のチャクラは、その下の尾骨の位置にあります。

上の図でもわかるように、この部分ともっともかかわりがあるのは、腰痛やぎっくり腰です。これらは、仙骨や基底のチャクラのエネルギーが消耗したときによく起こる身体からのサインです。痛みが腰のやや上方の仙骨のあたりなら、それはまさに仙骨のチャクラを指しています。

身体の痛みには身体的な原因がある

前にも説明したとおり、チャクラのエネルギーが低下したせいで、痛みが生じるわけではありません。痛みは、なにかがおかしいと身体が警告しているサインです。インドのアーユルヴェーダでは、チャクラはエネルギー的なものであり、特別な次元から身体に働きかけているとされます。身体に痛みが生じるのなら、おそらくその部分のチャクラのエネルギーが消耗しているのでしょう。チャクラのエネルギーを回復させれば、身体の不調が回復するのは、それにより身体の修復プロセスが促されるからです。

ダンスを楽しむ

仙骨のチャクラのエネルギーがつまっていることを示すもうひとつのサインは、腰や臀部がこわばり、動きにくくなることです。この場合はダンスをすると、仙骨のチャクラのエネルギーがふたたびうまく流れるようになります。たとえば、ベリーダンスで8の字を描くように腰を回したりすると、腰まわりのエネルギーを解放できます。サルサやサンバなどラテンアメリカのダンスにも同じような効果があり、喜びをもたらします。仙骨のチャクラのエネルギーは、あたたかくにこやかで幸せに満ちています。

7つのチャクラの特徴 **仙骨のチャクラの特徴と色**

仙骨のチャクラを開くためのヨーガのポーズ

仙骨のチャクラを開くためのポーズは、「合蹠のポーズ(バッダコーナーサナ)」とよばれます。腰まわりを開き、腰のこわばりをやわらげ、内ももの筋肉を伸ばします。長時間デスクワークをしたり、ずっと車を運転したりしていた長い1日の終わりにこのポーズをするとよいでしょう。

1 足をまっすぐ前に伸ばして床にすわります。すわりにくい人は、薄いクッションをおしりの下に敷いてもかまいません。

2 ゆっくりと息を吸います。息を吐きながら、両ひざを外側にひらいて、足の裏を合わせます。

3 ひざが痛くならない程度に、足をなるべく骨盤に近づけます。無理をせず、慎重におこないましょう。両手で足先をつかみます。

4 骨盤を立てて背骨をまっすぐ伸ばし、肩の力を抜いて、ひざをゆっくり上下に動かします。チョウが羽を動かしているような動きです。

5 このポーズのまましばらく休み、それから足を伸ばしてもとの姿勢に戻ります。ポーズを終えたとき、足や腰がうずくかもしれません。これは、その部分にエネルギーが流れ、エネルギーの循環が回復したことを示しています。

7つのチャクラの特徴 **仙骨のチャクラの特徴と色**

仙骨のチャクラのための瞑想

これまでにもお話ししたように仙骨のチャクラと関連のあるキーワードは、「流れ」と「豊かさ」です。これから紹介する瞑想では、あなたの内面を旅して、こうしたキーワードにあらためてふれ、可能ならば感覚レベルでそれを感じてみたいと思います。この瞑想で仙骨のチャクラのエネルギーを刺激し、人生に流入させたいあらゆる可能性へとあなた自身を開きましょう。このチャクラを活性化させるには、オープンな心で敏感に感じながらエネルギーを受け取ることです。仙骨のチャクラのエレメントは、水。これは流れるエネルギーを象徴しています。

背もたれのある椅子にすわるか、できる人は床にすわってあぐらをかき、背骨をまっすぐ伸ばします。心地よく感じることが大切です。この瞑想を録音し、聞きながらおこなってもかまいません。シャワーを浴びながらこの瞑想をしてもよいでしょう。

瞑想

あなたがあたたかい夏の日に道を歩いているところをイメージします。まわりにはあざやかな色の花が咲き乱れ、頭の上には真っ青な空が広がっています。とても美しい場所です。そばにはきらめく小川が流れています。陽光を受けてきらきらと水が輝き、あなたが歩いてい

く方向へと流れていきます。道のカーブに差しかかると、小川が池に注いでいるのが見えます。池の奥には小さな滝があります。

あなたは裸足になり、水の中に入ります。足がひんやり心地よいです。それから向こうの滝の下に立ちます。滝のシャワーが心地よく肌に注ぎます。頭上から水が注ぎ、肩、胸、腕、腰、足へと流れ、それから池へと落ちます。水はどんどん流れ落ち、尽きることがありません。滝の下に立ち、水の動きを感じながら、エネルギーがあなたの中に注ぎこみ、身体と心を活気づけるのを感じます。あなたはただそれを受け取りましょう。

仙骨のチャクラを活気づける方法

身体を動かすことは、仙骨のチャクラに大きな効果をもたらします。わたしたちはしばしば義務感やプレッシャーから1種の健康法としてエクササイズに取り組みますが、心から楽しみながら身体を動かしたほうが、より健全に仙骨のチャクラを活性化できます。

流れに身をまかせる

仙骨のチャクラのエレメントは水なので、水泳はとても効果的です。とくに平泳ぎは、手で水をかくと同時に足を広げて身体を前に押しだすという動きをするので、仙骨のチャクラのエネルギーによく働きかけます。できるだけスムーズな動きで泳ぎましょう。「流れ」という言葉を意識し、魚のような軽やかな動きをイメージします。海でも川でも地元のプールでも、泳ぐことを楽しみましょう。泳ぐ距離など数えずに、エネルギーに意識を集中して泳いでください。

7つのチャクラの特徴 仙骨のチャクラの特徴と色

おしゃれな服を着る

仙骨のチャクラのエネルギーに働きかけるには、地味な服やさえない作業着を脱ぎ、きれいな色や模様の服、着ていて楽しくなるような服を着るという方法もあります。男性なら明るい色のシャツ、女性ならふんわりしたスカートがいいかもしれません。自分のエネルギーを活気づけ、ハッピーな気分にしてくれる服を着てみましょう。

創造性を発揮する

仙骨のチャクラを活性化するには、創造性の流れにひたり、自分が楽しめることをしてもよいでしょう。絵を描く、アクセサリーを手づくりする、料理を楽しむなど、どんなことでもかまいません。創造性を発揮して自分やまわりの人たちのためになることをすれば、仙骨のチャクラにエネルギーがもたらされます。このチャクラは、人間関係のチャクラ。友人たちのためにすてきな食事をつくって、ともに楽しみ、仙骨のチャクラを祝福してもよいでしょう。

仙骨のチャクラのエネルギーを高める道具

仙骨のチャクラのエネルギーを高める道具を2つ紹介します。仙骨のチャクラを活性化させたいときは、この道具を毎日の生活に取り入れてみましょう。

琥珀
こはく

琥珀は、松の木の樹脂が長い歳月をかけて化石化したものです。美しい"ティアドロップ"型のものがよく見つかり、つなぎあわせてネックレスにしたり、大きなものをアクセサリーにはめ込んだりします。樹脂なので軽く、肌にふれるとあたたかみを感じます。色は、明るい黄色から濃いオレンジ色までさまざまで、仙骨のチャクラを活性化させるのに最適な色合いです。

クリスタルヒーリングでは、琥珀は心に聡明さと喜びをもたらし、創造的思考を広げ、全身を活気づけるとされます。琥珀のアクセサリーを身につけると、1日中仙骨のチャクラのエネルギーを高められます。

サンダルウッドの
エッセンシャルオイル

インド産のサンダルウッド（santalum album）のエッセンシャルオイルは、豊かであたたかみのあるウッディな香りをもち、仙骨のチャクラを活性化させます。インドのアーユルヴェーダでは、サンダルウッドは身体を活気づけ、強化するためのマッサージに用いられます。多くの香水の原料となり、木片は香として焚かれます。インド産サンダルウッドのエッセンシャルオイルは希少価値が高く高価ですが、これほど神聖な香りなら、投資する価値はあります。ティッシュに2滴染みこませて窓際に置くか、アロマバーナーに2滴垂らせば、部屋中に香りを拡散できます。仙骨のチャクラを活性化させるヨーガのポーズや瞑想のときに使えば、感覚が研ぎ澄まされます。

7つのチャクラの特徴 仙骨のチャクラの特徴と色

仙骨のチャクラのエネルギーを高める道具

サンダルウッドのオイル	琥珀	流れと豊かさ

55

太陽神経叢の
チャクラの特徴と色

太陽神経叢のチャクラの色は、明るい黄色で、太陽にように明るく光り輝くエネルギーに満ちています。ここは、個人の力が宿る場所でもあり、このチャクラが完全に活性化していれば、あなたは文字通り世界中に"自分の光を輝かせて"います。しかし、多くの人は自信のなさ、あるいは個人の力の発展を阻害するようなできごとのせいで、そうすることができません。このレベルに達している人が部屋に入ってくると、その人のまわりにはオーラのようなものが感じられます。

個人の力とは、傲慢さ、自信過剰、うぬぼれ、他人を支配することとは違います。そうした状態は、太陽神経叢のチャクラが刺激を受けすぎているサインで、あなたに対する他人の認識に悪い影響を及ぼしかねません。太陽神経叢のチャクラは、あなたならではの才能やあなたが社会に貢献すべきものを象徴し、あなたが他人にありのままの自分を見せる自信を与えてくれます。このチャクラを活性化させる簡単なアファーメーションは、「わたしはおこなう」です。

最高の自分でいる

おとぎ話のシンデレラは、妖精のおばあさんの魔法でお姫様に変身し、お城の舞踏会に出かけます。みすぼらしい服を着ていたシンデレラが、光り輝く美しい娘に姿を変え、みんなの前に現れます。真夜中の12時になり、お城から走り去ったのは、そのまま本当のお姫様になる心の準備ができていなかったからです。しかし、あとに残してきたガラスの靴のおかげで、シンデレラは無事見つけ出され、彼女を待っている新しい世界へと連れ戻してもらえました。

太陽神経叢のチャクラは強力なエネルギーをもつため、多くの人がこのチャクラのレベルをむずかしいと感じます。重要なのは、太陽神経叢のチャクラがあなたならではの才能や魅力を世界に示す鍵を握っていることを知り、このチャクラが意味することを受けとめることです。

太陽神経叢のチャクラを感じとる

太陽神経叢のチャクラは、へその上、みぞおちの位置にあります。ここを手ですこし押しこむと、痛みを感じるかもしれません。急所なので当然のことです。神経叢とは、神経が束になっている箇所のことで、身体には数多くの神経叢があります。太陽神経叢はたまたまチャクラの位置にあるため、とても敏感なのです。

　太陽神経叢のチャクラのサンスクリット語の名前「マニプーラ」は、"宝石の場所"を意味します。このチャクラのエレメントは火で、ここは力が宿る場所。ここから一気にエネルギーがほとばしり、あなたを人生のあらたな場所や経験へと向かわせます。

　太陽神経叢のチャクラは、わたしたちが食べた食物を生きるために必要なエネルギーに変換する消化器系の器官や肝臓、脾臓をコントロールしています。腹痛や消化不良、胸やけ、過剰なガスなど消化器系の不調は、このチャクラがサポートを必要としていることを示す身体からのサインです。こうしたサインに気を配ると同時に鎮静作用のあるハーブティーを飲むなどし、チャクラのエネルギーを高めるエクササイズをおこなっても、太陽神経叢のチャクラを活性化できます。

自分の力を取りもどす

　太陽神経叢のチャクラの乱れを示す精神的なサインは、打ちのめされたように感じる、他人と向き合う状況にうまく対処できない、ひとりではなにもできないように感じる、怖気づく、自分の欲求を抑えこむなどです。こうした状態はすべて、太陽神経叢のチャクラを活性化させる必要があることを示しています。

　このチャクラに働きかけるには、ある程度の時間がかかるでしょう。こうした症状がしばらく続いているのなら、なおさらです。しかし、太陽神経叢のチャクラが回復するにつれ、自尊心や自信も徐々に取り戻せるでしょう。

太陽神経叢のチャクラを活性化させるヨーガのポーズ

このポーズは、「ラクダのポーズ（ウシュトラーサナ）」とよばれ、背中の上部から中ほどを後ろ向きに伸ばすのにすぐれています。このポーズで胸部と肋骨をしっかり開けば、太陽神経叢のチャクラ全体が開きます。このポーズは無理をせず、身体をいためない程度におこないましょう。身体に働きかけることは大切で、実践を重ねるごとに身体が柔軟になるでしょう。初心者の方は、両手を腰などの楽な場所に置きましょう。

1 両ひざを腰幅に開いてマットの上にひざまずき、太ももを垂直に立てます。つま先を立てます。

2 両手を腰に当て、腰を前に突き出します。身体をすこしずつ後ろに反らせながら、胸と肩を押し出します。無理のない範囲でおこなってください。太ももの前側がしっかりと伸びているのを感じます。首の力を抜き、肩が丸まらないように気をつけます。

3 できる人は、両手を伸ばしてかかとをつかみます。最初はできなくても、だんだんできるようになるので、無理のない範囲でおこないましょう。身体を後ろに反らせたまま、1分間保ちます。

4 ゆっくりともとの姿勢に戻ります。身体を丸めてチャイルドポーズになり、数分間休息します。

> **健康上の効果**
>
> この姿勢は、腹部のあらゆる器官に効果があります。胸と腰も開くので、背中の中ほどの柔軟性が向上します。

7つのチャクラの特徴　太陽神経叢のチャクラの特徴と色

太陽神経叢のチャクラのための瞑想

ここまで見てきたように太陽神経叢のチャクラは、力強く明るいエネルギーの場です。これから紹介する瞑想をすれば、このエネルギーの振動の強さに慣れ、そのエネルギーレベルが心地よく感じられ、エネルギーが増えたり減ったりしたときの感覚も理解できるようになるでしょう。

静かな場所で、背もたれのある椅子にすわり、両足を床につけます。床の上にあぐらをかいてすわってもかまいません。

この瞑想を録音し、聞きながらおこなってもよいでしょう。

まず、静かにすわり、ゆっくりと呼吸を繰り返します。身体が椅子に支えられているのを感じ、背骨をまっすぐ伸ばします。床にすわっている人は、骨盤から背骨をまっすぐ引き上げるよう意識します。

両手をみぞおちにある太陽神経叢のチャクラの上に重ねます。大きく息を吸いこみます。おなかと胸が広がるのを感じます。息を吐きます。胸がしぼみ、両手が沈んでいくのを感じます。

両手に意識を集中します。両手に明るい金色のエネルギーがあふれ、ゆっくりと息を吸いながら、そのエネルギーが太陽神経叢のチャクラを満たしていくのをイメージします。息を吐きながら、金色のエネルギーを胸やおなかに広げていきます。金色のエネルギーは明るくあたたかく、うずく感じがするでしょう。これを数回繰り返します。

つぎに、もっと明るい金色のエネルギーを両手で受け取ります。エネルギーはまぶしい太陽の光のようにどんどん強まります。息を吸いながら、それを太陽神経叢のチャクラに送りこみます。息を吐きながら、それを胸やおなかに広げます。これを数回繰り返しながら、エネルギーの強さを感じます。

今度は、もとの弱い金色のエネルギーに戻ります。まだ明るく美しいエネルギーです。息を吸いながら、そのエネルギーを太陽神経叢のチャクラに取りこみ、息を吐きながら、全身に広げます。

両手をひざの上に置き、身体を休めます。しばらくの間ゆったりとすわり、エネルギーが太陽神経叢のチャクラでどのように感じられるかを観察します。

太陽神経叢のチャクラを活性化させる方法

太陽神経叢のチャクラを活性化させるには、戸外の太陽の下で過ごすのがいちばんです。メディアでは、紫外線に皮膚をさらしすぎることの危険性がたびたび指摘され、たしかに色白の人や敏感肌の人は注意が必要でしょう。しかし、ここで話題にしているのは日光浴ではなく、ごくふつうに太陽の光を浴びることです。日光は人間の身体に必要不可欠で、ビタミンDの生成や免疫系や骨の健康に欠かせないものです。

力を身につける

新しいプロジェクトを立ち上げたり、あらたなスキルを身につけたりすることも、太陽神経叢のチャクラには効果的です。大切なのは、ただやろうと考えているだけでなく、実際に行動に移すこと。確信がもてなくても思いきってやってみたり、むずかしいことに挑戦したりしましょう。太陽神経叢のチャクラがあるみぞおちのあたりがやや緊張するかもしれませんが、この緊張を克服して実際にやったとき、このチャクラは本当に活気づきます。

他人の光を浴びる

太陽神経叢のチャクラを活気づけるもうひとつの方法は、なにかに夢中になっている人たちと一緒に過ごすこと。環境保護に取り組む、演劇サークルで舞台に立つ、合唱団で歌う、芸術家の作品を鑑賞するなど、どんなことでもかまいません。あなたが感じるエネルギーやその人たちが感じている喜びや楽しさは、ほかの人にも伝わりやすいものです。それはあなたを感激させて元気づけ、太陽神経叢のチャクラにもよい作用を及ぼします。笑うことも効果的です。

7つのチャクラの特徴　**太陽神経叢のチャクラの特徴と色**

戸外で過ごす

散歩したり、ガーデニングにいそしんだり、戸外で食事したりして、適度に日光を浴びると、幸福感が湧いてきます。人間はもともと戸外で暮らし、生きるために必要なものを狩猟や採集により得ていました。現代では、多くの人が朝起きて、車や電車で仕事に出かけ、1日中室内で働いて、また家に帰ってくるという生活をおくり、戸外で過ごす時間はほとんどありません。長期的に見れば、これはよいことではありません。とくに昼間に日光を浴びることは、脳の健康に欠かせず、ストレスの解消にも役立ちます。

太陽神経叢のチャクラのエネルギーを高める道具

ここでは、太陽神経叢のチャクラのエネルギーを高めるために日常生活で使える特別な道具を２つ紹介します。こうした道具を使えば、前のページで紹介したヨーガのポーズや瞑想の効果が高まり、身体と心のバランスを回復させ、活性化させることができます。

シトリン

シトリンは、活気あふれるエネルギーをもつ美しい金色の石です。シトリンを買うときは、本物かどうかを確かめてください。良心的なお店なら、本物だと保証してくれるはずです。とても黄色いシトリンは、じつは熱処理をほどこしたアメジストかもしれません。天然のシトリンは、淡く澄んだ色をしています。

クリスタルヒーリングでは、シトリンは太陽神経叢のチャクラのバランスを整え、活性化するために用いられます。簡単なヒーリングの方法としては、仰向けに横になり、太陽神経叢のチャクラがあるみぞおちにシトリンを置きます。そして、ゆっくり息を吸いながら、澄んだ金色のエネルギーを吸収します。

シトリンをバッグやポケットに入れて持ち運べば、太陽神経叢のチャクラのエネルギーを高めたいときにいつでも握りしめられます。シトリンのついたアクセサリーを身に着けても、太陽神経叢のチャクラを活気づけ、強めることができるでしょう。

レモンのエッセンシャルオイル

レモンのエッセンシャルオイルは、レモンの皮を圧搾して抽出します。レモンの皮の表面には極小の袋がたくさんあり、これを爪でつぶすと、強烈でみずみずしくさわやかなレモンの香りが広がります。最高級のレモンのエッセンシャルオイルは、地中海の陽光をさんさんと浴びて育ったイタリアのシチリア産のものです。

レモンのエッセンシャルオイルをアロマバーナーに４滴垂らすか、ティッシュに染みこませて窓際に置くと、みずみずしい香りが部屋中に広がり、気持ちを高揚させてくれます。アロマセラピーでは、レモンのエッセンシャルオイルは身体の刺激や解毒のために用いられます。食欲をそそるあの香りは、消化を促進します。あざやかな黄色い実からとれるこのエッセンシャルオイルは、太陽神経叢のチャクラを活性化させるのにぴったりです。

太陽神経叢のチャクラの特徴と色

7つのチャクラの特徴

太陽神経叢のチャクラのエネルギーを高める道具

レモンのオイル	シトリン	きらめくエネルギー

心臓のチャクラの特徴と色

心臓のチャクラは、胸にある胸骨の中央に位置しています。7つのチャクラのバランスをとる中間点であり、下にも上にも3つずつチャクラがあります。下3つのチャクラは、大地に根ざす"地のチャクラ"で、物質的な生活とかかわりが深いとされます。上3つのチャクラは、よりスピリチュアルな"天のチャクラ"で、人間の精神や直観、霊的な面とかかわりがあります。そのちょうど真ん中に位置する心臓のチャクラは、大地と人間の霊的部分をつなげ、下3つの物質的なチャクラからは滋養、上3つのスピリチュアルなチャクラからはインスピレーションを受け取ります。

心臓のチャクラの色は、豊かに生い茂る葉のような生き生きとした緑色です。緑色は、黄色（すぐ下にある太陽神経叢のチャクラの色）と青色（すぐ上の喉のチャクラの色）を混ぜ合わせた色で、チャクラの色でも中間です。緑色は、成長のエネルギーや活力、始まりを象徴する色。冬枯れの枝がいっせいに芽吹く、すばらしい春の訪れをイメージさせます。

緑色のエネルギー

中世ドイツの女子修道院長で神秘家、学者でもあったヒルデガルト・フォン・ビンゲン（1098-1179）は、"ヴィリディタス（viriditas）"とよばれるものの力について書き記しています。これはラテン語で"緑色"という意味で、ヒルデガルトは、永遠の命を象徴する、生命力にあふれた豊かなエネルギーとみなしました。

現代では、"緑"にはもうひとつの大きな意味があり、エコロジーや環境保全、人間が地球に与える影響を理解して暮らすこととかかわりがあります。日常的なことでいえば、リサイクル活動や持続可能な暮らし方も地球のためになる活動であり、心臓のチャクラとかかわりがあります。

心臓のチャクラのための簡単なアファーメーションは、「私は愛する」。これは、男女の恋愛や熱情のことではなく、無条件の愛や生きとし生けるものへの思いやりを指します。

心臓のチャクラを感じとる

心臓のチャクラは胸部中央の胸骨の上にあり、感情的な緊張を感じやすい場所です。心臓のチャクラが発する愛のエネルギーは無条件のものですが、バランスの中心点に位置しているため、ほかのチャクラで問題が生じると、影響を受けやすいのです。たとえば、性的な中心である仙骨のチャクラで、抗しがたいほどの激情が生じると、心臓のチャクラでも一気にエネルギーが膨張することがあります。しかし、そうした熱情が長く続くことはめったにないので、喪失感や悲嘆、傷心を実際に身体の痛みのように感じるのは心臓のチャクラです。また、突然失業して自尊心が傷つくというような太陽神経叢のチャクラに関連するできごとが起きると、とりわけ仕事に"心血を注いで"いた人は、心臓のチャクラで悲しみを感じるでしょう。

自分の時間の大半を他人のために費やしている人は、心臓のチャクラのエネルギーがとても消耗しやすいでしょう。育児中の親がよい例で、子どもの世話に疲れ果て、エネルギーを消耗してしまうことがあります。看護師や教師、介護士、ソーシャルワーカー、ホリスティックヒーリングのセラピストなどは職業柄、他人の世話やサポートをおこないますが、こうした仕事にはみな心臓のチャクラのエネルギーがかかわっています。しかし、エネルギーを補給しないで与えつづけていると、最終的には"燃えつきて"しまうおそれがあります。

心を守る

いま説明したことが自分に当てはまるようなら（多くの人がこうした状況にいます）、まずは立ちどまり、ひと息ついて、心臓のチャクラがエネルギーを補給する時間をしばし設けましょう。このチャクラはエネルギーを与えるだけでなく、受け取る必要があります。簡単な方法としては、たとえわずかな時間でも自然の中に出かけ、滋養に富んだ美しい緑のエネルギーを吸収するとよいでしょう。

心臓のチャクラを活性化するヨーガのポーズ

ここでは、伝統的なヨーガのポーズである「コブラのポーズ（ブジャンガーサナ）」のバリエーションを紹介します。これは、「スフィンクスのポーズ（サーランバ・ブジャンガーサナ）」とよばれるものです。上半身の体重を前腕で支えるので、コブラのポーズほど背中を大きく反らせる必要がなく、初心者でもやりやすいです。スフィンクスのポーズは胸を開き、心臓のチャクラのあたりに効果的です。

1 マットにうつ伏せに寝ます。両腕を身体のわきで曲げ、手のひらを肩のそばの床につけます。ゆっくりと静かに呼吸します。

2 息を吸って吐きながら、腕の力でゆっくりと上体を起こし、上腕を床と垂直にします。胸を持ちあげ、首を肩から長く保ちます。まっすぐ前を見ます。呼吸しながら心臓のチャクラに意識を向けます。息を吸いながら、活力に満ちたエネルギーを受け取るのをイメージします。

がんばりすぎない

スフィンクスのポーズは、繰り返しおこなううちに徐々に長く楽にできるようになります。最初からがんばりすぎず、身体に無理のない範囲でおこないましょう。

腰に痛みや張りがある人や妊娠中の人には、このポーズはおすすめできません。安全なポーズかどうかわからない場合は、かならず医師に確認してください。

3 このポーズを保ちながら、背中全体が伸びているのを感じます。おしりに力が入りがちですが、力を入れすぎないようにしましょう。足はまっすぐ伸ばします。

4 この姿勢をすくなくとも30秒間保ったら、上体を床に下ろし、頭を横に向けて寝ます。

5 そのままチャイルドポーズに移ると、身体を反対の向きにも伸ばせます。

心臓のチャクラのための瞑想

この瞑想では、呼吸にあわせて身体を動かします。この瞑想は、戸外の新鮮な空気を吸いながら大地に立っておこなうと、より効果的です。自分の足で大地とのつながりをじかに感じるべきなので、戸外でも屋内でも裸足でするのがいちばんです。

両足を肩幅ほど開き、楽な姿勢で立ちます。両手を胸の中央で重ね合わせる"祈りの姿勢"からスタートします。ゆっくり規則正しく息を吸って、吐きます。「わたしは大地と天のあいだにバランスよく立っています」と心の中で唱え、意識を集中させます。足と地面のつながりを実感します。しっかりしたこのつながりと、頭上に広がる大きな空間の違いを感じとります。

息を吸いながら、両手が地面と平行になるよう、左右に大きく広げます。「わたしは自然から愛を受け取るために心を開きます」と心の中で唱えます。心臓のチャクラが膨らむのを感じます。息を吸って吐きながら、心臓のチャクラが生き生きとした緑色のエネルギーで満たされるのをイメージします。

息を吸いながら、両腕を頭の上まで上げます。腕を上げながら、「わたしは宇宙から愛を受け取るために心を開きます」と心の中で唱えます。そのまま静かに呼吸しながら、しばらく姿勢を保ちます。

息を吸いながら、ふたたび最初の姿勢に戻り、両手を胸の上に重ねます。「わたしはかぎりない愛を世界中に発します」と心の中で唱えます。心臓のチャクラの上に両手を重ねたまま、チャクラのエネルギーが変化したことを感じましょう。あなたがエネルギーで満たされると、より多くのエネルギーを世界に分け与えられるようになります。

意識をしっかり向けながら、この瞑想をゆっくり3回繰り返します。それから、瞑想を終えたときの感覚を観察してください。

心臓のチャクラを活性化するための方法

心臓のチャクラは、エネルギーを受け取る必要があるチャクラです。"活性化する"といえば、なにか活動的なことをすると思いがちで、もちろんそういう場合も多々ありますが、ただ意識を向け、心を開いて受けとるだけでも、活性化することはできます。わたしたちがなにかをすることに人生の大半を費やしていることを考えれば、すこしおかしな話かもしれませんが、今この瞬間に起こっていることに意識を集中しているだけで、心臓のチャクラのエネルギーを回復できます。

五感を発達させる

今この瞬間に起こっていることに意識を集中するには、自分の五感を本当に意識して使うことです。わたしたちは視覚、聴覚、触覚、味覚、嗅覚を当たり前のように使いながら、1日を過ごしています。しかし、立ちどまりひと息ついて、五感がつねに与えてくれるすばらしい感覚を味わえば、心臓のチャクラをはぐくむことができます。

意識を高めるエクササイズ

今度あなたのお気に入りの場所に行ったら、しばらくそこで足を止め、気持ちよくすわれそうな場所を見つけましょう。リラックスして、静かに呼吸します。目の前の景色全体をゆっくりと眺めます。ものの形や色、特徴、人びとなど、そこにあるすべてを意識の中に取りこみます。

つぎにその場所の音に意識を向けます。さまざまな音を意識の中に流しこみます。その音に自分の波長を合わせると、これまで聞いたことのない新しい音が聞こえてくるでしょう。

今度は自分のすわり方、すわっている場所、その場所にいることに身体がどう反応しているかに意識を向けます。

最後は、空気中を漂う香りに意識を向けます。自然の香りや周囲の香り、懐かしい香り、新しい香りが感じられるでしょう。

最後にすわったまま、いま五感を通して得られたすべての情報を、お気に入りのこの場所で自分自身に満たします。それをもたらしてくれた五感に感謝しましょう。

感謝の気持ちをもつことは、心臓のチャクラを回復させる最高の方法です。

心臓のチャクラのエネルギーを高める道具

ここでは、心臓のチャクラのエネルギーをはぐくみ、活性化するために日常生活で使える道具を2つ紹介します。ホリスティックヒーリングでは、心臓のチャクラは無条件の愛を象徴するピンク色とかかわりがあります。心臓のチャクラの色であるあざやかな緑色の葉をつけたピンク色の美しいバラは、この2つの色が協力しあっていることを象徴しています。

ローズクォーツ

クリスタルヒーリングでは、心臓のチャクラは緑色、またはピンク色の石で活性化できます。ローズクォーツは、やわらかなピンク色をした美しい水晶で、きらめくようなやさしいエネルギーをもっています。小さなタンブルや原石、ポイントをもつ "ワンド" などの形で売られています。銀のアクセサリーにもよくはめ込まれています。

ローズクォーツのペンダントをかけていれば、心臓のチャクラのエネルギーを1日中身にまとえます。ストレスや緊張を感じたときに、ペンダントをしばらく握りしめていれば、心を鎮められるでしょう。

ローズのエッセンシャルオイル

美しいダマスクローズ（Rosa damascene）は、心臓のチャクラの色であるピンク色と緑色をあわせもちます。ふくよかな甘い香りの "香水用のバラ" で、花からエッセンシャルオイルを抽出します。ローズのエッセンシャルオイルは200個ほどの花からわずか1滴しか採れないため、大変高価ですが、ホホバオイルで希釈したローズのエッセンシャルオイルなら、より手頃な価格ですばらしい天然の香りを楽しめます。

ホホバオイルで希釈したローズのエッセンシャルオイルを心臓のチャクラがある胸のあたりにつければ、心臓のチャクラのエネルギーを活性化できます。あたたかみのある甘い芳香が、あなたの五感と気持ちを落ち着けてくれます。

７つのチャクラの特徴　心臓のチャクラの特徴と色

心臓のチャクラのエネルギーを高める道具

ローズのオイル	ローズクォーツ	呼吸に調和する

喉のチャクラの特徴と色

喉のチャクラは淡い青色、澄み渡った輝く夏の空のような色です。このチャクラのエネルギーは開放的、創造的、前向きで、話す、歌う、唱えるなど、声を使ってコミュニケーションをはかります。仏教やヒンドゥー教では、喉のチャクラは"マントラ（真言）"を唱えることで活性化されます。マントラは、独特の節回しで何度も繰り返し唱えられる古来の言葉です。音の振動が喉のチャクラを通って次々と伝達され、ほかのチャクラもサポートします。もっとも有名なマントラのひとつは、"オン・マニ・ペメ・フン"です。このマントラの意味をほかの言語に翻訳することはできませんが、苦しみを変容し、純粋な智慧と慈悲の心をもつ宇宙エネルギーの存在を称えるという意味だそうです。

喉のチャクラのための簡単なアファーメーションは、「わたしは話す」。声がもつ力は驚異的で、ごく短い会話でも、わたしたちが口にした言葉が相手を元気づけたり、消耗させたりします。声は、わたしたちが毎日当然のように使っているものですが、すべてを変えかねないほどの力を秘めています。怒りにまかせて口にした言葉や人を傷つけるために発した言葉は、人間関係を根本から破壊しかねません。前向きな励ましの言葉は、落ちこんでいる人をなぐさめ、あなたはひとりぼっちじゃないと気づかせてくれます。声を通して伝達されるエネルギーは、それがよいものでも悪いものでも、強力な力をもっています。

歌をうたうと、歌声が直接脳に作用を及ぼし、気分が明るくなります。みんなで歌をうたう合唱団では、この効果が実感できます。喉のチャクラと心臓のチャクラには、ユニークなつながりがあり、たとえば、ラブソングを歌うとこの2つのチャクラがよく結びつきます。もし、あなたがラブソングを聞いて感動し、歌の心を感じとれたら、その歌と歌い手は使命を果たしたといえます。

喉のチャクラを感じとる

喉のチャクラは、喉の付け根のわずかにくぼんだあたりにあります。喉の付け根にやさしくふれて声を出すと、喉頭のちょうど下にあるのがわかります。

喉のチャクラは、感情の影響をとても受けやすい場所です。だれかにひどいことを言われ、怒りのあまり声が震えたり、言葉に言い表せないほどの強い感情がこみ上げ、喉が締めつけられたりしたように感じたことがあるのではないでしょうか。威圧的な相手に対し、自分の本当の気持ちを話そうとすると、喉のチャクラが緊張するのを感じるかもしれません。長年のあいだ言いたいことを言えないまま暮らしていると、次第に深い憤りとして蓄積しかねず、喉のチャクラがとても消耗するおそれがあります。

沈黙による痛み

治りにくい咽喉炎や喉の感染症、首の痛みは、喉のチャクラのエネルギーが低下しているサインです。あなたはだれかに対し、腹立たしさや悩みを抱えているのではないでしょうか。喉のチャクラが、こうした症状の原因なのではありません。こうした身体への影響にただ反応しているだけなのです。

さいわい、喉のチャクラのエネルギーは、さまざまな方法で補給し、回復させ、強化することができます。あなたが社会に出て、他人と交流をはかれば、エネルギーの振動が改善し、チャクラシステム全体によい影響を及ぼせます。あなたが本心から話し、自分の本当の気持ちをはっきりと伝えるようになればなるほど、有益で前向きなエネルギーを人生に引き寄せられるでしょう。

喉のチャクラを活性化するヨーガのポーズ

喉のチャクラは、しばしば締めつけられたり閉じていたりするように感じられます。「魚のポーズ（マチャーサナ）」とよばれるヨーガのポーズは、喉のチャクラだけでなく心臓のチャクラも開くことができます。この姿勢にはさまざまなバリエーションがありますが、これから紹介するのは、初心者向けの簡単なものです。

背中をサポートする

ヨーガの教室では、大きく後ろに反るポーズの際にクッションなどを背中に敷いて、身体をサポートすることがあります。初心者の人は、ここで紹介した簡単なポーズからはじめ、自分の身体に最適なポーズをヨーガの指導者とともに探ってください。

1 背筋を伸ばしてマットにすわります。両足は閉じてまっすぐ前に伸ばします。

2 手のひらを床につけ、ひじを曲げながら、ゆっくりと後ろに倒れます。胸が斜めになるようにします。

3 息を吐きながら、頭を後ろに倒し、胸を前に押し出します。腕で床を押しながら、身体のバランスを保ちます。無理のない範囲で頭を後ろに倒してください。最終的には頭が床に軽くつくようになるのが目標ですが、初心者でそこまで身体が柔らかい人はなかなかいません。

①

4 喉が開くのを感じましょう。呼吸しながら、喉のチャクラが淡い青色のエネルギーで満たされるのをイメージします。

5 苦しくならない程度にこの姿勢を保ってから、背中全体をゆっくりと床につけます。背骨が気持ちよく床についているはずです。ゆっくり呼吸して、しばらく休息します。

②

③

⑤

7つのチャクラの特徴　喉のチャクラの特徴と色

喉のチャクラのための瞑想

これは音を使うエクササイズで、さまざまな振動が喉のチャクラを通るのを感じながら、胸と声を開きます。歌をうたったり、歌手になったりする必要はありません。どんな声の高さでもかまわないので、自分が心地よく感じられる声を探しましょう。このように声を出すことに慣れていない人は、最初はあまり大きな声が出せないかもしれませんが、繰り返し実践するうちにだんだん自信がついてきます。

音を出すことに意識を集中するのも、一種の瞑想です。いまから紹介する方法では、5つの母音に集中します。5つの母音を発しながら、口の形が変わることに意識を向け、その母音が喉のチャクラに与える作用を感じましょう。

背もたれのある椅子にすわり、足は組まず、両手をひざの上に軽く置きます。

まず、「アーー」と声に出します。この音を喉で感じます。それから、自分が気持ちよく出せる音程で、「アーー」の音で歌います。これを3回繰り返します。

つぎに「エーー」と声に出します。この音を喉で感じます。それから、自分が気持ちよく出せる音程で、「エーー」の音で3回歌います。

今度は「イーー」と声に出します。この音を喉で感じます。それから、自分が気持ちよく出せる音程で、「イーー」の音で3回歌います。

さらに「オーー」と声に出します。この音を喉で感じます。それから、自分が気持ちよく出せる音程で、「オーー」の音で3回歌います。

最後に「ウーー」と声に出します。この音を喉で感じます。それから、自分が気持ちよく出せる音程で、「ウーー」の音で3回歌います。

それから、5つの音をすべてつなげ、「アーー、エーー、イーー、オーー、ウーー」と声に出します。5つの音すべてをひと息で言えるか試してみます。無理ならば、好きなところで息つぎしても大丈夫です。

このように音に調子をつけることで、喉のチャクラを開くことができ、頭もすっきりするはずです。168-175ページでも、音を使う瞑想を紹介しています。

「心が考えることを
舌にしゃべらせておけばいい」
デヴィー・クロケット

喉のチャクラを活性化させる方法

喉のチャクラは、このチャクラの色である青色に意識を集中することで活性化できます。朝起きてカーテンを開け、美しい青空が見えたら、窓を開けるか、外に出ましょう。そして、しばらくの間、その広々と拡張するエネルギーを吸いこみ、吸収して、そのエネルギーが喉のチャクラに降り注ぎ、回復させるのを感じましょう。淡い青色は、やさしく心やすらぐ色。空のように広々と澄みわたり、心を落ち着かせてくれます。

前向きなコミュニケーション

喉のチャクラを活性化するには、自分の好きな方法でコミュニケーションをとってもよいでしょう。これは、演劇をする、歌をうたう、演説をするなど声を使うもので、ジョークを言うことも効果的です。また、日記や詩や小説を書く、自分を励ますアファーメーションを書くなど、言葉を書いてもよいでしょう。

真実を告白する

相手に直接伝えられない強い感情を抱えている人は、この簡単なヒーリングの儀式でその感情を大地に解き放ちましょう。自分が言いたいことを書き記し、紙の上で告白します。こうすることで詰まっていたエネルギーが解放できるので、もうあなたの中には残っていません。

7つのチャクラの特徴 喉のチャクラの特徴と色

紙に書きおえたら、くしゃくしゃに丸めて、外に出て、地面に置き、マッチで火をつけます。（まわりに燃えやすいものがない安全な場所を選んでください）。紙が燃え尽きたら、その灰を地面に埋めます。これにより、エネルギーを中和できます。この儀式を前向きな目的でおこなえばとても効果的で、実際に状況がよりよい方向へと変わることもあります。なぜなら、当の相手とつぎに会うとき、今までとは違った態度がとれるからです。この解放の儀式は、喉のチャクラにとても効果的です。感情を解き放つことで、本当の気持ちを自由に話せるようになります。

喉のチャクラのエネルギーを高める道具

喉のチャクラを活性化せるために日常生活で使える道具を2つ紹介します。

ブルーレースアゲート

　ブルーレースアゲートは、淡い青色と白色がさまざまな色合いの縞模様をなす瑪瑙で、微細な結晶構造をもつ水晶の1種です。研磨したものは、やわらかな青い色をしています。持ち運びに便利な石で、この石を握りしめれば、喉のチャクラのことを思い出し、そのエネルギーに意識を集中できるでしょう。また、ブルーレースアゲートのペンダントを1日中つけていれば、喉のチャクラにエネルギーが補給されるのを感じられます。だれかと話すために特別なサポートが必要だと感じる状況に臨むときは、このペンダントをつけましょう。

ローマンカモミールの
エッセンシャルオイル

　ローマンカモミール（Anthemis nobilis）のエッセンシャルオイルは、デイジーに似た花から蒸留法で抽出されます。このオイルが繊細な淡い青色をしているのは、アズレンという成分のためで、肌に対する鎮静作用や若干の抗炎症作用があります。

　ローマンカモミールのエッセンシャルオイルは、とても軽やかで甘いハーブ調の香りのなかに、リンゴに似たフルーティーな香りを含んでいます。作用がきわめておだやかなので、子ども向けのブレンドオイルや製品にもよく用いられます。アロマバーナーにオイルを4滴垂らすか、ティッシュに染みこませて窓際に置けば、軽やかな甘い香りを楽しめます。

　144-149ページでは、このエッセンシャルオイルを使った肌に安全なブレンドオイルの作り方を紹介しています。就寝前にこのオイルを喉のチャクラのまわりにつければ、寝ている間に喉のチャクラのエネルギーを回復できます。

7つのチャクラの特徴

喉のチャクラの特徴と色

喉のチャクラのエネルギーを高める道具

| ローマンカモミールのオイル | ブルーレースアゲート | 音 |

91

第三の目の
チャクラの特徴と色

第三の目のチャクラは、眉間にある神秘的なエネルギーセンターで、宝冠のチャクラとともに、とてもスピリチュアルなチャクラです。どちらもきわめて敏感で、より高次元の意識を象徴しています。

"より高次元の意識"とは、なにを意味するのでしょうか？　これまでに見てきたように下3つのチャクラ（基底、仙骨、太陽神経叢）は、それぞれ消化器系、泌尿器系、神経系と身体でもっとも重要な系（システム）を支配しています。その上の2つのチャクラ（心臓、喉）は、感情やコミュニケーションと結びついています。7つのチャクラシステムの最後の2つのチャクラ（第三の目、宝冠）は、創造性、インスピレーション、ヒーリングなど、人間がより高度な表現をする可能性を開きます。

悟りの場

第三の目のチャクラは、サンスクリット語で「アジナ」とよばれ、"命令"あるいは"認識"という意味です。このチャクラは、直観や第六感、論理的思考を超えた内なる認識と結びついていて、肉眼で見るよりも高い次元の視点で見ます。第三の目のチャクラのための簡単なアファーメーションは、「わたしは見る」ですが、

この見るは、ふつうの視覚を超越したものです。デジャヴ（どこかに行ったとき、はじめての場所のはずなのにすでに知っていると感じること）のような感覚は、第三の目のチャクラからのサインでしょう。

深い認識

第三の目のチャクラの色は、藍色、夜空のように暗く濃い青色です。晴れた日の夜に外へ出て、星がきらめく空を見上げ、夜空の色を心と五感にしみわたらせると、第三の目のチャクラのバランスを回復できます。

このチャクラに働きかけると、創造的思考が開き、自分でも驚くような問題の解決策がひらめくでしょう。第三の目のチャクラのエネルギーは、論理的で順序だったものではなく、インスピレーションを受けて自然に湧いてくるという独特のものです。なにかを思いつき、それが思いきった決断を要することでも、心の底で"とにかくやってみなさい"という声がするときは、第三の目のチャクラからのサインです。

第三の目のチャクラを感じとる

第三の目のチャクラは、眉間にあり、実際の目と密接に結びついています。このチャクラの藍色のエネルギーは、目の健康や機能をサポートします。

本を読みすぎたり、長時間コンピュータを操作したりして目が疲れて痛むときは、第三の目のチャクラのエクササイズで疲れをやわらげ、回復させるとよいでしょう。これは、すわって瞑想しながら、藍色の光が目と額にたっぷり降り注ぐのをイメージするだけの簡単なエクササイズです。

人生の悩み

日常生活で精神的ストレスや緊張性頭痛、プレッシャーを感じることはよくあるものです。いちどにたくさんの情報を詰めこもうとして、頭が爆発しそうになったり、仕事や試験で大きなプレッシャーを感じたりすると、顔や頭に症状が表れるのです。こうした身体の不調はすべて、第三の目のチャクラがエネルギーの回復とヒーリングを必要としているサインです。

時間をつくる

第三の目のチャクラのエネルギーが消耗しているときほど、精神的ストレスを重荷に感じやすいものです。ソーシャルメディア全盛の現代では、だれもが携帯電話を持ち歩き、つねに精神的ストレスにさらされています。そこで、今夜自宅に帰ったら、つかの間でかまわないので、すべての電子機器の電源を切り、静かな時間をつくってみましょう。多大な努力を要するように思えるでしょうが、悪循環を断ち切ることが大切です。やすらぎこそが、第三の目のチャクラへのいちばんのエネルギー補給なのです。

こうして静かな時間を自分に与えていくうちに、精神的ストレスに対処しやすくなり、第三の目のチャクラのエネルギーも回復することに気づくでしょう。

第三の目のチャクラのためのヨーガのポーズ

第三の目のチャクラに効果があるヨーガのポーズはたくさんあります。なかでも、これから紹介する「下を向いた犬のポーズ(アドー・ムカ・シュワーナーサナ)」は、とても大きな効果が得られるポーズのひとつで、全身に活力を与え、とりわけ脊柱や第三の目のチャクラを活性化します。これは頭を下向きにするポーズなので、ヨーガがはじめての人は無理のない範囲でこのポーズを保ってください。

1 マットの上で四つん這いになります。太ももを床と垂直にし、両手を肩の真下に置きます。両腕はまっすぐ伸ばし、つっぱりすぎないようにします。

2 手のひらを大きく広げ、中指を正面に向けます。かかとを上げて、つま先を立てます。

3 両手で床を押しながら、おしりを高く持ち上げます。ひざは曲げたまま、背骨を伸ばします。頭、首、背骨が一直線になるようにします。

> **気をつけましょう**
>
> 内耳や血圧に問題を抱えている人は、このポーズは避けてください。「魚のポーズ」(84-85ページ参照)でも第三の目のチャクラを開くことができ、こちらのほうがより安全です。すこしでも心配がある方は、医師に相談してください。

④

4 できる人は、かかとを床に下ろし、両足でしっかり床を押しながら、足全体を伸ばします。太ももの後ろ側がしっかりと伸び、腕の力で身体を支えているのを感じてください。

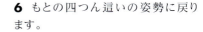

5 このポーズをしばらく保ちながら、エネルギーが背中をつたい、第三の目のチャクラに流れこむのを感じます。

⑥

6 もとの四つん這いの姿勢に戻ります。

7 チャイルドポーズをとり、リラックスします。

⑦

第三の目のチャクラのための瞑想

このおだやかな瞑想は、第三の目のチャクラに効果的です。とりわけ目が回るほど忙しい長い1日の終わりには、しばし心を空っぽにして、自分へのエネルギー補給に意識を集中してください。

楽な姿勢で背もたれのある椅子にすわります。背筋を伸ばして、両足を床につけ、手はひざの上に軽く置きます。好みで香を焚きながら瞑想してもよいでしょう。この瞑想を録音し、聞きながらおこなってもかまいません。

目を閉じて、深呼吸を数回します。身体が椅子に支えられていることを感じます。その日の心配ごとを頭から消し去ります。呼吸に意識を集中しながら、息を吸って吐いてをしばらく繰り返します。

あなたが大きな湖のほとりに立っているのをイメージします。夜ですが、湖の水が水平線へ向かっておだやかに波打っているのが見えます。頭上には、藍色の夜空が広がり、無数の星が小さなダイヤモンドのように輝いています。息を吸いながら、その冷たく深い藍色のエネルギーを額と目にたっぷり注ぎ、第三の目のチャクラへと流しこみます。

ふたたび湖に目をもどすと、美しい満月がゆっくりと空にのぼってきます。月の光が、藍色の湖面にきらきら反射しています。きらきら波立つ月の光を心に注ぎ、日々の不安や苦労をやさしく消し去りましょう。

ゆっくりと深呼吸して、こう言います。「わたしは今この瞬間に戻り、人生に深くふれます。これがマインドフルネスです」

目を開けて、しばらく静かにすわっています。自分の感覚を観察しましょう。

「過去にとらわれないでください。
未来にとらわれないでください。
怒りや不安や恐れにのみこまれないでください。
今この瞬間に戻り、生命に深くふれてください。
これがマインドフルネスです」

ティク・ナット・ハン

第三の目のチャクラを活性化させる方法

第三の目のチャクラは、より高次元の感覚のエネルギーをもち、論理的思考を超えたものだという印象を受けます。エネルギーを感知するエクササイズを実践することで、異なる次元から日々の活動への意識を高められます。

手のエネルギー

両手があたたかくなるまで、強くこすり合わせます。それから、手のひらを向かい合わせたまま60センチほど離します。目を閉じます。手のひらをゆっくり近づけ、手のひらがうずきはじめたところで止めます。目を開けて、手のひらがどれだけ離れているかを観察してください。もういちど手のひらをこすり合わせ、同じことを繰り返します。これを数回おこないます。これをおこなうたびに手のひらの間隔が次第に広がり、それでも手の間でうずくようなあたたかいエネルギーを感じられることに気づくでしょう。

クリスタルのエネルギー

クリスタルを使っても、エネルギーを感知するエクササイズが実践できます。お気に入りの石を選んで、瞑想の姿勢で椅子にすわり、両手をおわん形にして石をのせます。リラックスして呼吸します。自分の意識をクリスタルへ流しこみ、どうなるか観察します。どのような石かなどと考えず、手のひらにある石にただ意識を集中します。石からエネルギーを感じたり、両手がうずくのを感じたりするでしょう。どちらも、第三の目のチャクラから直観を受け取ったサインです。

自然のエネルギー

このエクササイズは、何色かの花を使っておこないます。まずは真っ赤な花を用意し、花から5、6センチほど手を離してかざします。自分の感覚を探ります。つぎは、青い花で同じことを繰り返します。それから黄色い花でもやってみます。あなたが感じるエネルギーは、色によって異なるでしょう。このエクササイズをなんども実践するうちに、色ごとの感覚がわかるようになるでしょう。これは、カラーヒーリングに関連した効果的なエクササイズです。

第三の目のチャクラのエネルギーを高める道具

ここでは、第三の目のチャクラのはたらきを高めるために、ほかのエクササイズとともに使える特別な道具を2つ紹介します。

ラピスラズリのクリスタル

　ラピスラズリは、深い青色をしたすばらしい石で、研磨するとより一層鮮やかな青色になります。石に混じっている金色の細かい斑点は、パイライト（黄鉄鉱）の粒子です。ラピスラズリは何千年もの間、聖なる石と見なされてきました。古代エジプトのファラオたちは、ラピスラズリをあしらった王冠や首飾り、装身具を身に着けていました。有名なツタンカーメン王の黄金のマスクにも、ラピスラズリとオニキスとカーネリアンがはめ込まれています。クリスタルヒーリングでは、ラピスラズリは第三の目のチャクラのエネルギーを整え、回復させるためにしばしば第三の目のチャクラの上に置かれます。第三の目のチャクラを回復させるために、この方法を自分で試してみてもよいでしょう。あるいは、おわん形にした手のひらにラピスラズリを乗せ、石のエネルギーを感知するエクササイズをおこないます。また、ラピスラズリのペンダントやイヤリングを身に着ければ、1日を通して第三の目のチャクラを活性化できます。

フランキンセンスのエッセンシャルオイル

　フランキンセンスのエッセンシャルオイルは、ソマリアやオマーンの砂漠に自生するカンラン科の木の樹皮を削ってしみ出た樹脂を原料としています。この樹脂をそのまま香として火にくべると、芳醇で目くるめくような香りの煙が立ちのぼります。エッセンシャルオイルに、この樹脂を水蒸気蒸留して採集したものです。芳醇であたたかみがあり、甘くみずみずしい香りです。瞑想のときに使われる定番のエッセンシャルオイルで、心を鎮め、平和と静寂の感覚をもたらします。アロマバーナーに4滴垂らすか、ティッシュに染みこませて窓際に置けば、古来の深い香りを楽しめます。この章で紹介したさまざまなエクササイズをおこなうときに、部屋で香りを拡散させてもよいでしょう。

7つのチャクラの特徴　第三の目のチャクラの特徴と色

第三の目のチャクラのエネルギーを高める道具

フランキンセンスのオイル	ラピスラズリ	エネルギー補給

宝冠のチャクラの特徴と色

宝冠のチャクラは、紫色（虹の7色のスペクトルのなかでもっとも高い振動数をもつ）あるいは真っ白な色に見えます。サンスクリット語のチャクラ名「サハスラーラ」は、"千枚の花弁をもつ"という意味で、最高次の意識を表す美しい白いハスの花のイメージです。

このハスの花を例にして、宝冠のチャクラを説明しましょう。ハスは池で育ちます。池底の泥の中に根（基底のチャクラ）を深く張り、大地から養分を吸収します。この養分のおかげで茎（仙骨のチャクラ）や若芽（太陽神経叢のチャクラ）が上方に向かって成長します。やがて、中間点である水面に浮くように葉（心臓のチャクラ）を広げ、つぼみをつけます。花は、ハスの最高の自己表現です（喉のチャクラ）。太陽の光を浴びて、つぼみが開きはじめ（第三の目のチャクラ）、とうとう花が満開になり、意識が完全に目覚めます（宝冠のチャクラ）。ハスという実体を超えて放出された花の香りは、ハスの最高の創造的表現、すなわちその魂です。

開花させる

ハスの花は、こうしたことを努力しておこなう必要はありません。ハスが池底から成長し、葉を広げ、つぼみをつけて開花するというすばらしい一連のプロセスは、すべてDNAに刻まれています。さらに養分、水、光をとりこみ、このプロセスが完成します。

わたしたちも、このハスのたとえを人生に活かせます。わたしたちはだれもが可能性の種を秘めています。住んでいる場所や環境に関係なく、この種はわたしたちの内にあります。すべてのチャクラに働きかけることで、この可能性に気づき、そのエネルギーを感じられるようになります。最後に宝冠のチャクラのエネルギーに取り組むことで、わたしたちは成長して花をつけ、自分ならではの可能性を世界へ示します。このチャクラのための簡単なアファーメーションは、「わたしはいる」です。

宝冠のチャクラを感じとる

宝冠のチャクラは、頭頂部にあります。生まれたばかりの赤ん坊の頭蓋骨は、まだ完全に結合していません。生まれてくるときに産道を通りやすいよう、骨と骨の間に隙間があり、柔軟性をもたせているのです。骨と骨の間には膜で覆われた泉門という隙間があります。泉門のなかでいちばん大きな大泉門は、赤ん坊の頭頂部にあるのがよくわかります。ここが、宝冠のチャクラの位置です。大人では、頭頂部がわずかに凹んでいるように感じられる場所です。

　宝冠のチャクラは、人間の頭部と脳をつかさどり、脳のはたらきや機能のすべてに影響を及ぼします。脳内の奥深くにある小器官の松果体は、とりわけ宝冠のチャクラと深いかかわりがあります。なぜなら、松果体が分泌するメラトニンは、睡眠と目覚めという2つの異なる意識の状態と関連しているホルモンだからです。宝冠のチャクラは、あらゆるレベルの意識をつかさどっています。

魂を休息させる

　睡眠障害や不眠、悪夢、不規則な睡眠と目覚めのリズムなどの症状は、どれも宝冠のチャクラのエネルギーが消耗しているサインです。うつや不安などの精神的問題も宝冠のチャクラがバランスを崩していることの表れです。これまでなんども説明したように、チャクラそのものがこうした問題の原因なのではありません。チャクラのエネルギーに働きかければ、そうした症状がたちまち改善されるわけでもありません。しかし、適切な道具や簡単なヒーリング法で宝冠のチャクラのエネルギーバランスを整えれば、その人のヒーリングプロセスをうまくサポートできるでしょう。

　精神的な不安や不快感を抱えている人は、まずは医師やカウンセラーに、これから紹介する道具やエクササイズを使ってもよいか相談してください。

宝冠のチャクラのためのヨーガのポーズ

さまざまなヨーガのポーズで宝冠のチャクラのエネルギーを回復させられますが、なかでももっとも有名なのが、「頭立ちのポーズ（シルシャーサナ）」です。しかし、これはとてもむずかしいポーズなので、ヨーガの指導者のもとでおこなうのがいちばんです。「長座前屈のポーズ（パスチモッターナーサナ）」なら、初心者でも実践しやすいでしょう。これは背骨を大きく伸ばして、消化器系をマッサージし、宝冠のチャクラへと流れるエネルギーの経路を開きます。

1 両足を前に伸ばしてマットの上にすわります。両手をおしりの下に入れて、おしりをやや後ろに引き出し、腰が床と垂直になるようにします。骨盤を立てて、まっすぐすわります。

2 両腕をまっすぐ上に伸ばし、背骨がしっかり伸びているのを感じます。

3 息を吸いながら、おなかと身体の中心の筋肉を引きよせます。息を吐きながら、背骨をまっすぐ伸ばしたまま骨盤から前屈します。

4 胸を太ももに近づけます。背中を丸めないようにします。両手を無理なくつける範囲で足のわきに置きます。首と肩の力を抜きます。

5 額を足につけるのが理想的ですが、初心者には無理でしょうから、ひざの上にクッションを置き、頭を乗せてもよいでしょう。

6 この姿勢をしばらく保ちます。息を吐くたびに、さらに深く前屈します。背骨を流れるエネルギーを感じとり、そのエネルギーが頭頂部の宝冠のチャクラまで流れていくのをイメージします。

7 両手で支えながら上体を起こし、もとの姿勢に戻ります。

8 最後はマットに横になり、しばらく身体を休めます。

宝冠のチャクラのための瞑想

あらゆる形の瞑想が、宝冠のチャクラに効果的です。なぜなら瞑想は、心の平安と気づきを得るために実践されるものだからです。これは強制されるものでも、目標として設定されるものでも、努力して取り組むものでもありません。ただ目の前にあるものに意識を集中するだけです。多くの簡単な瞑想で、心を鎮め、身体をリラックスさせ、魂（宝冠のチャクラ）に滋養を与えられます。ここでは、簡単な方法を紹介します。

　この瞑想は夜におこなうのがいちばんです。目の前に小さなテーブルを用意し、キャンドルホルダーにロウソクを立てるかティーライトを置いて、火をつけます。（燃えやすいものをそばに置かないようにしてください）。背もたれのある椅子に楽な姿勢ですわります。床の上であぐらをかいてもよいでしょう。深呼吸し、姿勢を崩さないまま、身体をリラックスさせます。心を鎮め、やすらげます。

　部屋に灯っている明かりは、ロウソクだけです。あなたを取り囲む空間のやわらかく心やすらぐ薄暗い光に意識を向けます。それから視線を小さな炎に移し、じっと見つめます。エク

ササイズはこれだけです。心に雑念が浮かんでも、風が羽を吹き飛ばすように一掃し、また小さな炎に視線を戻しましょう。

　この炎は、あなたの中の種を象徴しています。この炎は、あなたの創造性のきらめき、あなたそのものである光です。この炎は、はるかに大きな太陽の光の小さなかけらです。太陽の光は、あなたそのものである光とつながっています。ただ光とともにありましょう。この光をたっぷり浴びて、宝冠のチャクラのエネルギーが回復され、あなたが優美さとやすらぎで満たされるのを感じましょう。

「あの小さなロウソクがどれほど
遠くまで光を投げかけることか！」
　　　ウィリアム・シェイクスピア

宝冠のチャクラを活性化させる道具

宝冠のチャクラは、睡眠や睡眠パターンをコントロールする松果体と関連があります。睡眠は現代のわたしたちの大きな課題であり、多くの人が十分に眠れない、眠りが浅い、眠りが途切れがちだと感じています。質の高い休息は身体のあらゆる機能に必要不可欠なもので、身体と心を回復させます。病気からの回復には眠るのがいちばんだということもよくあるものです。

電子機器から睡眠を解放する

眠りを改善するには、寝る前の日課を見直すことが重要です。これにより、宝冠のチャクラのエネルギーにも効果があるでしょう。自分が電子機器とどうかかわっているか、今すぐチェックしてみましょう。たとえば、携帯電話を1日中手放さず、夜も寝室に持ちこみ、寝る間際まで画面を見てはいないでしょうか？ 寝室にテレビは置いてありますか？ 1日中コンピュータやタブレットを使っていますか？ もしこうしたことがすべて当てはまり、どうも寝つけない、あるいは眠りの質が悪いと感じているのなら、おそらく自分の習慣を見直す時期でしょう。肝心なのは、眠る空間に電子機器を置かないこと。わたしたちは日中、行く先々で電磁波や電波、マイクロ波に囲まれています。落ち着いて眠るためにはこうしたものを排除し、身体に休息を与えましょう。

就寝時の儀式を変える

就寝時の儀式を自分で考えましょう。電子機器のスイッチは切ること。宝冠のチャクラのためのヨーガや瞑想をおこなう時間を設けたり、宝冠のチャクラを活性化させる道具（次ページ参照）を利用したりしてもよいでしょう。すっきりした心やすらぐ場所で眠りのモードに入り、十分に休息をとって、新しい1日に備えましょう。

宝冠のチャクラのエネルギーを高める道具

宝冠のチャクラのエネルギーをサポートし、回復させるために使えるクリスタルとエッセンシャルオイルを紹介します。この章の冒頭でも説明したように宝冠のチャクラには、白と紫、2つの色があります。

クリアクォーツ

宝冠のチャクラの白いダイヤモンドのような輝きは、クリアクォーツ（透明な水晶）で活性化し、回復させることができます。クリアクォーツは、ポイントのあるもの、クラスター、大きな塊、研磨した小さなタンブルなど、さまざまな形のものが売られています。自分が心惹かれる形のものを選びましょう。クリスタルヒーリングでは、この石はエネルギーがすべてのチャクラを流れるのを助け、とりわけ宝冠のチャクラを活性化します。

アメジスト

アメジストは、紫色の水晶です。色は淡いライラック色、紫色、濃いスミレ色とさまざまで、水晶と同じくポイントやクラスター、大きな塊、小さなタンブルなどがあります。アメジストの紫色のエネルギーは、脳の鎮静作用にすぐれ、不安をやわらげるのに役立ちます。アメジストを枕の下に入れて寝ると、寝ている間に宝冠のチャクラをサポートしてくれます。アクセサリーにもよく使われるので、1日中身に着けていれば、宝冠のチャクラをサポートできます。

ラベンダーのエッセンシャルオイル

ラベンダーのエッセンシャルオイルは、紫色のラベンダーの花から抽出されます。おそらくもっとも有名なエッセンシャルオイルであり、よく使われるオイルなので、エネルギー面の特性が見過ごされがちですが、やわらかくすがすがしい花の香りは心をリラックスさせ、魂を鎮めます。紫色の花から抽出したオイルなので、宝冠のチャクラのエネルギーを回復させることができます。ラベンダーオイルを2滴枕に垂らせば、安眠できるでしょう。アロマバーナーに4滴垂らすか、ティッシュに染みこませて窓際に置けば、やさしい香りが部屋中に広がり、おだやかで心やすらぐ空間が生まれるでしょう。

7つのチャクラの特徴

宝冠のチャクラの特徴と色

宝冠のチャクラのエネルギーを高める道具

ラベンダーオイル	アメジスト	心のやすらぎ

115

新しいチャクラと高次元のエネルギーレベル

　近年、ホリスティックヒーリングの分野では、7つのチャクラの概念を拡大して、あらたに5つのチャクラとエネルギーレベルを加え、あわせて12のチャクラシステムとする考え方が広がっています。こうした "新しいチャクラ" は、とくにクリスタルヒーリングやスピリチュアルヒーリングなどでよく扱われます。これらは高度なレベルのチャクラなので、まずは基本的な7つのチャクラのバランスを整え、回復させてから、取り組むようにしてください。

胸腺のチャクラ

胸腺のチャクラは胸骨の上、上胸部の中央にあります。このチャクラは、免疫系の機能をサポートする胸腺と関連があります。スピリチュアルヒーリングでは、"サイミック（胸腺の）""ハイハート""ペクトラルセンター（胸部の中心）"とよばれることもあります。よりスピリチュアルな人生の入り口に通じるチャクラだと考えられており、ここから高次元の愛があなたへと流れこみ、世界に向けて発せられます。心臓のチャクラと喉のチャクラの真ん中にあるので、胸腺のチャクラが活性化していると、高次元の魂の観点から、思いやりに満ちた親切でやさしい言葉を発することができます。

胸腺のチャクラの色は、やわらかなターコイズブルー（青緑色）。心臓のチャクラの緑色と喉のチャクラの青色が混ざった色です。ターコイズブルーやアクアマリン色の海のそばにいると、胸腺のチャクラのエネルギーの回復にとても効果的です。

青緑色のクリスタル

クリスタルヒーリングでは、トルコ石やアクアマリン、ラブラドライトといった青緑色の石が、ヒーリングのレイアウトでしばしば胸腺のチャクラの位置に置かれます。クリスタルヒーリングでは、仰向けになった人の身体の上に、その人にあったヒーリングのレイアウトでクリスタルを並べます。

アトラスシダーウッド

アロマセラピーでは、アトラスシダーウッドのエッセンシャルオイルが胸腺のチャクラのエネルギーを整え、回復させるのをサポートします。あたたかみと鎮静作用のある木の香りが胸部を広げ、呼吸を深くします。心と精神を落ち着ける作用もあるので、瞑想のときに使っても効果的です。アロマバーナーに4滴垂らすか、ティッシュに染みこませて窓際に置き、部屋中に香りを拡散させましょう。

アルタメジャーチャクラ または後頭部のチャクラ

ア ルタメジャーチャクラは、後頭部の頭蓋骨と首が接する部分にあります。指でふれると、わずかにでこぼこしていて、頭を上下に動かすとよくわかります。アルタメジャーチャクラは、脳の後頭葉と関連があります。このチャクラも高次元のエネルギーを発していて、喉のチャクラや第三の目のチャクラとつながりがあります。アルタメジャーチャクラは、夢を見る場所といわれることもあります。第三の目のチャクラからのビジョンや直観的な情報がここで増幅され、喉のチャクラを通じて発信されるからです。きわめて心霊的な作用をもつチャクラなので、指導者の指示にしたがいながら探るのがいちばんです。

アルタメジャーチャクラの色は、一般的にマゼンタ、濃い赤紫色とされます。これは、基底のチャクラの深紅色が脊柱を上ってきて宝冠のチャクラの紫色と交わったこと、すなわち地と天が出会ったことを表しています。

レインボームーンストーン

アルタメジャーチャクラは、レインボームーンストーンを身につけることで活性化できます。レインボームーンストーンは、光を受けて神秘的な虹色に輝く美しい石です。クリスタルヒーリングのレイアウトでも、レインボームーンストーンがアルタメジャーチャクラの位置に置かれます。

ジャスミンのエッセンシャルオイル

アロマセラピーでは、濃密であたたかみがあり、うきうきするようなジャスミンの香りがアルタメジャーチャクラのサポートに用いられます。とても高価なオイルですが、ホホバオイルで希釈されてそのまま肌につけられるものも市販されています。ホホバオイルで希釈したジャスミンオイル数滴を後頭部のアルタメジャーチャクラの場所につけると、このチャクラをサポートし、落ちつかせるのに役立ちます。

アーススターチャクラ

アーススターチャクラは、スーパーアーススチャクラとよばれることもあり、人間の足の下45センチほどの地中にあるとされます。このチャクラは人間の身体の外にあります。アーススターチャクラが活性化していると、あなたはここで地球の奥底、わたしたちを支えているこの生きた星の核とつながっています。脊柱の付け根にある基底のチャクラともつながっており、基底のチャクラのグラウンディングするエネルギーを高めます。

アーススターチャクラの色は暗褐色で、地層の中にあるさまざまな鉱物や金属、有機成分を表しています。あたたかく力づけるエネルギーをもちます。このチャクラのための瞑想は室内でもおこなえますが、やはり実際に裸足で大地に立ち、足のすぐ下でうずいている球状のエネルギーを感知できるようにするのがいちばんです。日頃から意識して大地と接していれば、アーススターチャクラを活性化し、霊的なものから強力に身を守ることもできます。

黒い色のクリスタル

ブラックトルマリンやオブシディアン（地中で生成された火山ガラス）など、持ち主を霊的なものから守護する力をもつ石を身につけたり、持ち運んだり、クリスタルヒーリングのレイアウトで用いたりすると、アーススターチャクラのエネルギーを活性化して、回復できます。

ベチバーのエッセンシャルオイル

アロマセラピーでアーススターチャクラをサポートするには、ベチバーのエッセンシャルオイルが最適です。きわめて粘性の高い暗褐色のオイルで、土臭くスモーキーな深い香りがします。144-149ページで、エッセンシャルオイルについて詳しく説明し、肌につけられるブレンドオイルの作り方を紹介しています。ベチバーのブレンドオイルを足の裏につければ、アーススターチャクラとの結びつきを強められます。

ソウルスターチャクラ&
ステラーゲートウェイチャクラ

ソウルスターチャクラとステラーゲートウェイチャクラも、人間の身体の外にあります。チャクラの図では、通常、ソウルスターチャクラは頭の真上、ステラーゲートウェイチャクラは頭の上の方に記されます。この2つのチャクラは、宝冠のチャクラの延長であり、より高次元の意識や霊的体験へとつながっています。

すでにお話ししたように宝冠のチャクラは、宇宙の源やスピリット、神などよよばれるものと結びついており、これだけでもすでに一生をかけて体験するほどの意識のレベルです。ソウルスターチャクラとステラーゲートウェイチャクラは、さらにその意識をエネルギーの宇宙的領域にまで導いていきます。これらのチャクラを開いて働きかけるには、何年もかけてスピリチュアルなワークに専念する必要があります。そうした高い波長のエネルギーに独学で働きかけることは、おすすめできません。ぜひとも瞑想やヒーリングの専門家のもとで実践してください。

高次元の領域

ソウルスターチャクラは、あなたの魂、すなわちつねに宇宙の源とともにあるあなたのエネルギーレベルとつながっています。魂は、生涯に渡ってあなたに寄り添い、あなたがこの世を去ると宇宙の源に戻ります。そういう意味では、わたしたちはみな、永遠の存在なのです。

ステラーゲートウェイチャクラは、宇宙への入り口、星々のエネルギーや人間の意識を超えた次元が存在する広大な空間への入り口です。

純粋な光

この2つのチャクラは、高次元の光の象徴なので、7色の光のスペクトルでは表せません。クリスタルヒーリングのレイアウトでは、ハーキマーダイヤモンドやダンビュライトのような透明な特殊な石や、レムリアンシードクリスタルなどの特殊なクォーツが、きわめて高次元のチャクラエネルギーを表すために用いられるでしょう。

ネロリのオイル

ネロリ（オレンジの花）のエッセンシャルオイルは、独特の神秘的なエネルギーの振動をもち、宝冠のチャクラやソウルスターチャクラ、ステラーゲートウェイチャクラをやさしくサポートします。ネロリのブレンドオイル（p.144-149を参照）を額につければ、宝冠のチャクラを開き、こうした高次元のエネルギーの振動を受けとれるようになります。

チャクラに働きかける

　この章では、チャクラのエネルギーに働きかける方法やサポートを必要としているチャクラの見分け方、チャクラのエネルギーを活性化させる道具の使い分け方を説明します。この章をひと通り読めば、自分が興味をひかれる方法が見つかるはずですので、それからチャクラを探るとよいでしょう。自分がこれだと思う方法をつねに選んでください。

カラーエネルギー
サーキット

こまで7つのチャクラをひとつずつ詳しく見てきたので、次はすべてのチャクラが一体となって働いているのを感じとることが重要です。これから紹介する瞑想では、それぞれのチャクラのエネルギーを、エネルギーフィールド全体から放たれる光のスペクトルの7つの色として感じとることができます。

背もたれのある椅子に楽な姿勢ですわります。両足を床につけ、手は軽くひざの上に置きます。床にあぐらをかいてもかまいません。この瞑想を録音し、聞きながらおこなってもよいでしょう。

何度か深呼吸して、リラックスし、心を落ちつけます。

自分の意識を脊柱の付け根にある基底のチャクラに向けます。あたたかい深紅色のエネルギーが脊柱の付け根やおしりに広がっているのを感じます。

つぎにへその真下にある、仙骨のチャクラに意識を向けます。あたたかいオレンジ色のエネルギーが下腹部と腰に広がっているのを感じます。

今度は、みぞおちにある太陽神経叢のチャクラに意識を移します。明るい黄金色の太陽エネルギーを上腹部と背中の中ほどに感じます。

さらに胸部中央にある心臓のチャクラに意識を移します。ゆたかな緑色のエネルギーを胸部と肩のまわりに感じます。

喉の付け根にある喉のチャクラに意識を向けます。冷たく心地よい青色のエネルギーを首の付け根に感じます。

眉間にある第三の目のチャクラに意識を移し、夜空のように深い藍色のエネルギーを感じます。

最後に頭頂部にある宝冠のチャクラを白い光、あるいは濃い紫色として感じとります。どちらの色をイメージしてもかまいません。

しばらくすわったまま、輝いている7つの色に意識を向けます。それから今度は宝冠のチャクラから順に、チャクラの色が次第に小さくなり、小さな点になって閉じるのをイメージします。第三の目のチャクラ、喉のチャクラと脊柱を下がりながら、すべてのチャクラで同じことを繰り返します。瞑想を終えるときは、すべてのチャクラを閉じて、チャクラシステムを落ちつけ、バランスを保つようにすることが重要です。

7つのチャクラのための ヨーガの連続ポーズ

それぞれのチャクラのページでヨーガのポーズを学んだので、今度はそのポーズを連続しておこなうことで、チャクラシステム全体を強化し、エネルギーを補給しましょう。まず、それぞれのポーズをしっかりおぼえ、正しくできるようにしてから、それらのポーズを連続しておこないます。7つの連続ポーズでは、脊柱をさまざまな方法で曲げたり伸ばしたりします。それぞれのポーズをとりながら、呼吸法を使い、活性化させようとしているチャクラに意識を集中させましょう。

基底のチャクラ
山のポーズ

仙骨のチャクラ
合蹠のポーズ

喉のチャクラ
魚のポーズ

第三の目のチャクラ
下を向いた犬のポーズ

連続ポーズをすべておこなうには、20分ほどかかるでしょう。まず、床の上でしばらく横になります。呼吸を繰り返しながらリラックスし、1日の緊張をほぐします。それから、各ポーズを2分間ほどかけておこない、最後はチャイルドポーズで5分間リラックスするか、または手足を伸ばし、楽な姿勢で仰向けに横になります。

この連続ポーズを定期的に実践すれば、7つのチャクラすべてをひとつのシステムとして活性化し、回復させられます。もちろん、エネルギーが足りないと感じる特定のチャクラがあれば、そのチャクラをサポートできるポーズにより多くの時間をかけてもかまいません。

適切な指導者のいるヨーガ教室に通えば、ヨーガをさらに深く実践できます。より多くのポーズを学び、身体と心と魂を回復させ、エネルギーを補給できるでしょう。

チャクラに働きかける **7つのチャクラのためのヨーガの連続ポーズ**

太陽神経叢のチャクラ
ラクダのポーズ

心臓のチャクラ
スフィンクスのポーズ

宝冠のチャクラ
長座前屈のポーズ

休息
チャイルドポーズ

7つのチャクラの
セルフヒーリング

このエクササイズは、自分の両手をチャクラの上に置くだけの簡単なセルフヒーリングです。眠る前にベッドでリラックスしながらおこなうと、心を落ちつけ、1日の緊張や雑念を取り除け、大変効果的でしょう。エクササイズの途中で眠ってしまうかもしれませんが、心地よく眠りに落ちるのですから、それでもけっこうです。

1 楽な姿勢で仰向けにベッドに寝ます。あたたかくリラックスできるよう、身体に毛布などをかけ、その上に腕を出します。

2 両手を毛布の上から基底のチャクラの位置に置きます。そのまましばらくじっとしています。しずかに呼吸を繰り返し、深紅色のエネルギーが両手からチャクラへと流れこむのをイメージします。

3 へその下にある仙骨のチャクラへと両手を移します。そのままじっとして、あたたかなオレンジ色のエネルギーが両手からチャクラへと流れこむのをイメージします。

4 今度は、みぞおちにある太陽神経叢のチャクラへと両手を移します。黄金色のエネルギーが両手からチャクラへと流れこむのをイメージします。

5 胸部中央にある心臓のチャクラへと両手を移します。活気あふれる緑色のエネルギーが両手からチャクラへと流れこむのをイメージします。

6 今度は、喉のチャクラにしずかに両手を置きます。冷たくやわらかい青色のエネルギーが両手からチャクラへと流れこむのをイメージします。

7 左手の指を第三の目のチャクラの上にしずかに置きます。深い藍色のエネルギーが指からチャクラへと流れこむのをイメージします。

8 今度は、両手を頭頂部の宝冠のチャクラに置きます。紫色、または白い光が両手からチャクラへと流れこむのをイメージします。

9 両手を身体のわきに下ろし、しずかに呼吸を繰り返しながら、すべてのチャクラのバランスが整い、回復したのを感じます。身体はリラックスし、心は穏やかで落ち着いています。これで眠る準備が整いました。

チャクラに働きかける **7つのチャクラのセルフヒーリング**

与えることと受け取ること
エネルギーがチャクラを流れる

7つのチャクラについて学びながら気づいたかもしれませんが、チャクラのエネルギーは、与えることや受け取ることと関連づけてたびたび説明されています。この「与える」「受け取る」という2つの属性を理解すれば、チャクラやチャクラが日常生活に与える作用の意味をより深く知ることができます。これは陰陽の思想でも表現でき、陰はエネルギーを受け取る心の中の状態、陽はエネルギーを与える、あるいは外に向けて表現する状態です。

7つのチャクラの属性と作用を右の表にまとめました。

	チャクラ
	基底
	仙骨
	太陽神経叢
	心臓
	喉
	第三の目
	宝冠

エネルギーの属性	作用
与える　陽	基底のチャクラは、たとえば出産など、肉体の創造的エネルギーを外に向けて発する場所です。
受け取る　陰	仙骨のエネルギーは、感情や性的能力とつながりがあり、こうしたエネルギーをどのように人から受け取るかにかかわっています。
与える　陽	太陽神経叢のエネルギーは個人の力の中心で、わたしたちの外面的な行動と結びついています。
受け取る　陰	心臓のチャクラのエネルギーは、家族や他人から愛や思いやりを受け取る心の状態であると同時に、それらを人や世界に向けて発する状態でもあります。
与える　陽	喉のチャクラは、しばしば争いの場であり、文字通り、わたしたちが声を使って自分の考えを世界に表現する場所です。
受け取る　陰	直観的な第三の目のチャクラは、インスピレーションやひらめきを受け取り、知覚に変化を起こします。
バランス 与える、かつ受け取る	宝冠のチャクラは、こうした2つのエネルギーが結びつく場所。宇宙のエネルギーを受け取り、それを世界に向けて発する場所です。

チャクラを
色で描く

7つのチャクラを詳しく見てきたので、今度はこのチャクラのエネルギーが自分にとってどんな意味があるのかを探ってみましょう。あなたの想像力や直観力を紙の上で解き放ち、できあがったものを見てみます。画家や芸術家になる必要はありません。"絵なんて描けるかしら"と心配しなくても大丈夫。心のおもむくままに色で遊び、自由に表現しましょう。とにかく楽しんでください！

大きな白い紙7枚とチャクラの7色の水性絵の具かポスターカラーを用意します。太いフェルトペンでもかまいません。チャクラごとに紙を1枚使います。

魂のおもむくままに描く

7つの色を見て、自分の好きな色からはじめましょう。順番にこだわる必要はありません。選んだチャクラの色のペンか絵の具で、気の向くままに描きましょう。なにかの形を描いてもよいですし、ただ紙を色で塗りつぶし、その色を感じとってもよいでしょう。その色にふさわしいと思うものやシンボルを描くこともあるでしょう。色に濃淡をつけたければ、それもけっこうですが、1枚の紙には1色だけを使ってください。

時間をかける

このエクササイズには多少の時間がかかります。数日かけて描いてもよいですし、創造力が湧きあがり1日ですべてを仕上げてしまってもけっこうです。7枚すべてが完成したら、床に並べて眺めましょう。これが、自分のチャクラのエネルギーを自分で表現したものです。色によって描きやすいものとそうでないものがあるかもしれません。描きにくいと感じた色があれば、それは、そのチャクラがエネルギーを必要としていることを示しています。

チャクラに働きかける **チャクラを色で描く**

サポートが必要な
チャクラを見つける

前のページで説明したようにチャクラを色で描くことで、エネルギーとのつながりが弱いと感じるチャクラを明らかにできます。これは、そのチャクラがなんらかのサポートを必要としていることの表れです。そうしたチャクラを特定し、サポートできるようにするもうひとつの方法を紹介します。

128-129ページで紹介したカラーエネルギーサーキットとよばれる瞑想をおこないましょう。これは、それぞれのチャクラの位置でそのチャクラの色の環をイメージする瞑想です。この瞑想をおこないながら、各チャクラのエネルギーをどれほど強くイメージし、感じとれるかに意識を向けましょう。おそらく強く感じとれるチャクラとそうでないチャクラがあるはずです。あまり強く感じとれないチャクラや弱いと感じられるチャクラが、サポートを必要としているチャクラです。

弱いと感じられるチャクラが2つ以上あるときは、静かにすわり、自分にこう問いかけます。最初にエネルギーが必要なのはどのチャクラですか？　自分の直観にしたがいましょう。そして自分なりに答えを得たら、そのチャクラの章

にもどり、もういちどよく読んでみます。チャクラに関する格言についてじっくり考え、チャクラを活性化させるヨーガのポーズや瞑想を実践し、エクササイズの際にクリスタルやエッセンシャルオイルも活用しましょう。

チャクラを回復させるワークをしたあとで、自分が描いたそのチャクラの絵をもういちど見てみます。どうすればその絵を活気づかせることができるでしょうか？　あなたの直観は今なんと言っていますか？

自分にやさしくしてください。急ぐ必要はありません。これはあなたの個人的な体験です。チャクラのエネルギーが改善したと感じたら、それにより自分が全体的にどう感じられるかを観察しましょう。もういちどカラーエネルギーサーキットの瞑想をおこない、そのチャクラが今どんな感じなのかを確かめます。おそらくチャクラの状態が一変しているのではないでしょうか。ひとつのチャクラを活性化すれば、すべてのチャクラに影響を与えます。次に働きかけようとしていたチャクラも、以前とは様子が違っていることでしょう。これがチャクラの魔法なのです。

チャクラに働きかける **サポートが必要なチャクラを見つける**

141

チャクラをダウジングする

ダウジングとは、紐かチェーンの先に重りをつけたペンデュラム（振り子）を使って、"イエス"か"ノー"かの答えを得るものです。ペンデュラムを正しく扱えば、理屈ではなく直観から答えを受け取りやすくなり、答えはこうあるべきだという自分の固定観念を排除できます。このダウジングでも、チャクラの状態をチェックし、サポートが必要かどうかを見分けられます。

ダウジングは、だれにでも向いているわけではありません。あなたが分析的なタイプなら、"ペンデュラムを働かせる"ことがややむずかしいかもしれません。ダウジングの才能がある人もいれば、そうでない人もいます。

自分のペンデュラムをつくる

いろいろなものがペンデュラムとして利用できます。たとえば、クリスタルのペンダントに革紐をつけたものや、チェーンのついたメダル、穴のあいた小石にひもを通したものなど。要は、紐やチェーンの先に小さな重りがついていればよいのです。

ダウジングの方法

ペンデュラムの長さが15センチほどになるよう、紐やチェーンを人差し指に巻きつけます。重りを垂らして、静止させます。それから心の中で唱えるか、声に出して「"イエス"の動きを見せてください」と言います。するとペンデュラムは動きだし、時計回りに回ることが多いでしょう。次に「"ノー"の動きを見せてください」と聞きます。するとペンデュラムは左右に揺れることが多いでしょう。ペンデュラムでイエスとノーの反応をなんどか試したら、今度は自分の名前で試してみます。最初に「わたしの名前は○○○○（あなたの本名）です」と言い、次に違う人の名前を言ってみます。その答えが正しければ、あなたが手にしているのは、使えるペンデュラムです。

ペンデュラムを右手に持ち、左手でチャクラの各位置にふれます。チャクラにふれるたびに「このチャクラにはエネルギーが必要ですか？」と聞き、チャクラがどんな反応を示すか見てみましょう。このワークをやりながら、ペンデュラムがさまざまな強さで揺れることに気づくでしょう。かすかな"ノー"のこともあれば、はっきりとした"ノー"のこともあります。反応が強いものに注目してください。こうして得た情報をもとにチャクラのワークを実践しましょう。

チャクラに働きかける **チャクラをダウジングする**

アロマセラピーでチャクラのバランスを整える

アロマセラピーでは、純粋なエッセンシャルオイルを使います。こうしたエッセンシャルオイルには、花やハーブ、果実、葉、樹木、根から抽出された香りの成分が凝縮され、身体や心の健康を向上させる作用があります。純粋な自然の香りは心を落ち着かせ、気分を高揚させ、体の緊張もほぐしてくれます。エッセンシャルオイルは、チャクラのバランスを整え直し、回復させるのにも理想的です。さまざまな使い方を紹介します。

ホホバオイルで希釈されたものを肌につける

ローズ、ジャスミン、ネロリ（オレンジの花）のようにとても貴重で高価な花のエッセンシャルオイルの場合、ホホバオイルで希釈されたものが市販されています。すでに希釈されているので、天然の香水として直接肌につけられるうえ、値段も手頃です。

手づくりのブレンドオイルを肌につける

キャリアオイル（サンフラワーオイル、アーモンドオイル、グレープシードオイルなどの植物油）20㎖、または小さじ4杯を小さな瓶に入れます。さらにエッセンシャルオイル4滴を加えれば、希釈濃度1％のブレンドオイルが簡単につくれます。このオイルは、敏感肌をはじめすべての肌質の人に安心して使えます。ふたを閉めて瓶をよく振れば、すぐに使うことができます。

アロマバーナーかディフューザーで部屋中に香りを拡散させる

アロマバーナーかディフューザーに4-6滴垂らせば、1時間ほど香りを楽しめます。

ティッシュに染みこませて部屋中に香りを拡散させる

ティッシュに4-6滴染みこませて窓際かオイルヒーターの上に置けば、アロマバーナーやディフューザーほどではありませんが、香りを楽しめます。

注意

エッセンシャルオイルには芳香成分が濃縮されているため、とても高い効果が得られますが、次のような使用上の注意点もあります。

1 エッセンシャルオイルは絶対に飲みこまないでください。

2 エッセンシャルオイルは、直接肌につけないでください。肌につけるときは、キャリアオイル(左ページ参照)でかならず希釈してください。

3 妊娠中の人や妊娠の可能性がある人は、エッセンシャルオイルをアロマバーナーでだけ使ってください。肌につけるときは、資格をもつセラピストの指示にしたがってください。

チャクラに働きかける **アロマセラピーでチャクラのバランスを整える**

チャクラをいやすためのエッセンシャルオイル

第2章でチャクラについて詳しく学んだ際に、チャクラのエネルギーを高める道具としてエッセンシャルオイルを紹介しました。エッセンシャルオイルはデリケートなエネルギー物質であり、チャクラシステムの微細なエネルギーとよく共鳴します。インドの伝統医学であるアーユルヴェーダでは、チャクラなど身体の関連する箇所にエッセンシャルオイルをつけることが、身体と心と魂をいやすために重要とされます。

7つのチャクラのための基本的なエッセンシャルオイル

ベンゾイン
基底のチャクラ
脊柱の付け根につける

サンダルウッド
仙骨のチャクラ
へその真下につける

レモン
太陽神経叢のチャクラ
みぞおちにつける

ローズ（ホホバで希釈）
心臓のチャクラ
胸部の中央につける

ここではごく初歩的なエッセンシャルオイルを紹介しています。チャクラに働きかけられるエッセンシャルオイルはこのほかにもたくさんありますが、このリストのオイルを使えば、特定のチャクラへの働きかけをさらに深めるシンプルなブレンドオイルが簡単に作れます。

自分でブレンドしたオイルをつけるときは、小瓶を傾けて指先に少量のオイルをとり（たくさんとる必要はありません）、チャクラがある場所の皮膚にやさしくつけます。手のひらほどの広さにつけ、時計回りに円を描くようにすりこみます。

ブレンドオイルの作り方

働きかけたいチャクラのエッセンシャルオイルを選び、20㎖または小さじ4杯のキャリアオイルを入れた小瓶に4滴垂らしてよく混ぜれば、ブレンドオイルの完成です。

ローマンカモミール
喉のチャクラ
喉の付け根につける

フランキンセンス
第三の目のチャクラ
眉間につける
（目に入るとしみるので、目に入らないよう注意する）

ラベンダー
宝冠のチャクラ
頭頂部につける

　数日にわたって特定のチャクラに働きかけるときは、エクササイズのたびごとにブレンドオイルをそのチャクラの場所につけます。

チャクラのためのブレンドオイル　上級編

アロマセラピストの資格があるか、アロマセラピーに興味があり、すでにさまざまなエッセンシャルオイルをもっている人なら、さまざまなチャクラのバランスを回復させるためにもう少し手のこんだブレンドオイルを作りたいと思うかもしれません。これから紹介するブレンドオイルは、3種類のエッセンシャルオイルを組み合わせ、7つのチャクラのエネルギーを整えるものです。複雑で魅惑的な香りのブレンドオイルは、チャクラのエネルギーレベルを高めて活性化してくれます。

このブレンドオイルは、先ほどのオイルよりも濃度が高く2.5％の希釈濃度です（20㎖のキャリアオイルに対し10滴）。ノーマル肌の人向けなので、敏感肌の人は、キャリアオイルに加えるエッセンシャルオイルの量を半分の5滴に減らしてください。

右の表では、中央の列に7つのチャクラの基本的なエッセンシャルオイルを記し、その左右にブレンド用のエッセンシャルオイルを載せています。

自分が働きかけたいチャクラのブレンドを選び、144-145ページの説明にしたがって使用してください。

チャクラ	エッセンシャルオイル1	エッセンシャルオイル2	エッセンシャルオイル3	ブレンドオイルの作用
基底	ベチバー 2滴	ベンゾイン 4滴	ジンジャー 4滴	活性化作用、あたたかみがあり、甘くスパイシーな香り
仙骨	ジャスミン（ホホバで希釈）4滴	サンダルウッド 2滴	スウィートオレンジ 4滴	活性化作用、エキゾチックなウッディフローラルの香り
太陽神経叢	アトラスシダーウッド 4滴	レモン 4滴	ユーカリプタス 2滴	拡張的で開放的な作用、すがすがしいウッディな香り
心臓	グレープフルーツ 4滴	ローズ（ホホバで希釈）4滴	プティグレイン（オレンジリーフ）2滴	鎮静作用、やわらかいフローラルシトラスの香り
喉	ベルガモット 2滴	ローマンカモミール 4滴	レモンユーカリプタス4滴	鎮静作用、すがすがしく甘いライトシトラスの香り
第三の目	マートル 4滴	フランキンセンス 4滴	マンダリン 2滴	拡張的な作用、スパイシーですがすがしく高揚感のある香り
宝冠	ネロリ（ホホバで希釈）4滴	ラベンダー 4滴	ゼラニウム 2滴	穏やかに心を落ち着かせる作用、ソフトフローラルの香り

チャクラに働きかける　アロマセラピーでチャクラのバランスを整える

チャクラヒーリングのための背中のマッサージ

　これから、チャクラヒーリングのための簡単な背中のマッサージを紹介します。パートナーや友人にマッサージしてもらっても、ヒーリングエネルギーが不足している人にあなたがしてあげてもよいでしょう。マッサージをする人は、相手の右側にすわります。マッサージを受ける人は、床か布団の上にうつ伏せに寝ます。上半身は裸になり、足元は毛布をかけてあたたかく保ちます。このチャクラヒーリングに最適なエッセンシャルオイルのブレンドを選びます。

1 マッサージする相手の腰の右側にすわります。ブレンドオイル小さじ1杯を両手のひらにとり、その手を腰の背骨の両脇に置きます。背骨の両脇を手でさすり上げ、肩先まで行ったら、また腰まで下がってきます。これを3回繰り返します。

2 右手を右肩にあて、左手を左の腰に置きます。右手で右半身を下へとさすりながら、左手で左半身をさすり上げます。この左右交互の動きで身体の左右両側をあたためます。これを4回繰り返します。

3 両手を腰の背骨の両脇に起きます。手を広げ、指先を外側に向けます。腰、背中の中ごろ、上背、肩先の4箇所を外側に向かってゆっくり押します。これを2回繰り返します。

チャクラに働きかける　**チャクラヒーリングのための背中のマッサージ**

4 今働きかけているチャクラの位置を考え、そのチャクラに向き合うようにすわり、両手をそのチャクラの上に置きます。ブレンドオイルのエネルギーを手の下に感じ、それがチャクラの中に入りこみ、エネルギーを与えるのを感じとります。1分間ほどこうしています。

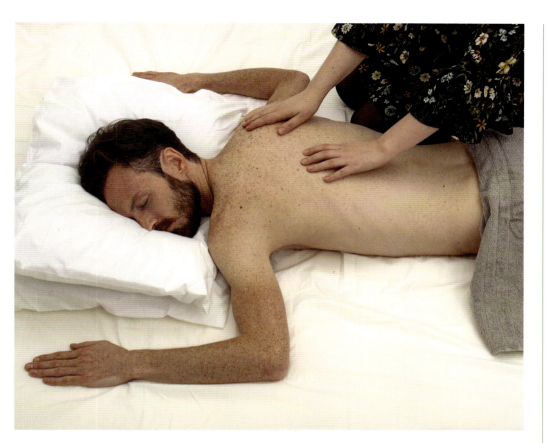

5 最後に、身体の左右両側を上から下へとやさしくさすります。マッサージが終わったら、マッサージを受けた人の身体に大きなタオルと毛布をかけて休息させ、ブレンドオイルのエネルギーを吸収させます。

チャクラに働きかける　**チャクラヒーリングのための背中のマッサージ**

クリスタルとチャクラのヒーリング

第2章で各チャクラについて探求した際に、特定のチャクラと関連の深いクリスタルを特別なヒーリングツールとして紹介しました。クリスタルは、さまざまな色や形をした大地からの美しい贈り物で、何千年も前から人類を魅了してきました。クリスタルヒーリングでは、クリスタルをさまざまな方法で使いながら、チャクラのバランスを整えて回復させ、活性化させます。

本書で紹介しているクリスタルはどれも、小さなサイズのものが簡単に入手できます。クリスタルを買ってきたら、冷たい流水で浄化し、やわらかい布でふいて乾かし、巾着袋にまとめて入れておきましょう。

クリスタルショップでは、さまざまなサイズのクリスタルが売られていて、磨いてあるものもあれば、原石を砕いたままのものもあります。自分の直観にしたがい、これだと思うクリスタルを選びましょう。

チャクラに働きかける **クリスタルとチャクラのヒーリング**

簡単なクリスタルヒーリング

前のページで紹介したクリスタルは、石の色で各チャクラと対応しているので、必要なものがすぐに見分けられます。ここでは、いくつかの簡単な使い方を紹介します。

クリスタルを使って瞑想する

　クリスタルを買ってきたら、手をおわん形にして石をのせ、静かにすわります。目を閉じ、石に意識を集中させます。両手がうずき出すのを感じたり、身体のほかの箇所になんらかの感覚をおぼえたりするでしょう。こう言います。「このクリスタルは、光と愛を放っています」

　これで、このクリスタルをチャクラのワークに使えます。すわって、手のひらに石をのせ、特定のチャクラのための瞑想をして、そのチャクラのエネルギーを高めましょう。

クリスタルをお風呂に入れる

　たとえば心臓のチャクラに働きかけているときは、お風呂に入るときにローズクォーツを一緒に湯船に入れましょう。クリスタルは、水中で効率よくエネルギーを伝達するので、お風呂に入れれば、入浴しながらヒーリングがおこなえます。

クリスタルとともに眠る

ローズクォーツやアメジストのような穏やかなクリスタルは、心を落ち着かせ、眠りの質を改善します。枕の下に置き、心地よく眠りにつきましょう。

クリスタルをチャクラに当てる

特定のチャクラに働きかけるときは、楽な姿勢で横になり、そのチャクラに関連するクリスタルをチャクラの上で握りしめれば、そのチャクラをサポートし、活性化できます。宝冠のチャクラに働きかけたいときは、枕を使って頭頂部にクリスタルを置いてください。

クリスタルを各チャクラの上に並べる

この簡単なクリスタルヒーリングのレイアウトは、友人に手伝ってもらうのがいちばんです。床の上に楽な姿勢で横になったら、チャクラと色の順番にしたがい、友人に頼んで、身体の上にクリスタルを並べてもらいます。基底のチャクラのクリスタルは股間に置き、宝冠のチャクラのクリスタルは頭頂部に置きます。すべてのクリスタルを並べ終えたら、7つの石が各チャクラに働きかけているエネルギーのマトリックスのなかで、静かに休息しましょう。

チャクラに働きかける　クリスタルとチャクラのヒーリング

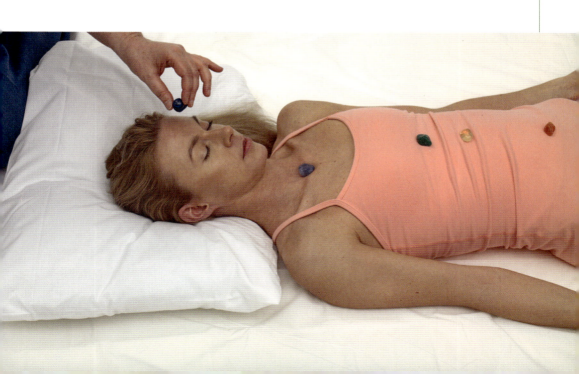

日常生活におけるクリスタルとチャクラ
クリスタルは手軽に持ち運べるので、チャクラヒーリングのエネルギーを外出先にも気軽にもっていけます。仕事や買い物や旅をしながら、ジムでエクササイズをしながら、家族や友人とともに過ごしながら、つねにチャクラのエネルギーとともにいられます。これにより、日常生活でより一層の自信とパワーが得られます。次のようなことを試してみましょう。

チャクラに合わせたアクセサリーを身につける

チャクラに対応したクリスタルをアクセサリーとして選ぶことは、たんにひとつのアクセサリーを身につける以上の意味があります。そのクリスタルのエネルギーを1日中身にまとえるのです。自分が今働きかけているチャクラに適したクリスタルを選んでも、ある特定の状況にふさわしいクリスタルを選んでもかまいません。たとえば、大きな会議に出席して、自分の考えを率直に述べる必要があるのなら、喉のチャクラをサポートしてくれるブルームーンストーンなどの青い石を選ぶとよいでしょう。緊張するときは、太陽神経叢のチャクラをサポートしてくれるシトリンなどの黄色い石を選びましょう。

クリスタルを持ち運ぶ

自分が働きかけているチャクラを人に知られたくないのなら、クリスタルを小さな巾着袋に入れて持ち運びましょう。これならポケットやハンドバックに入れておけます。旅行に行くのに不安を感じたり、仕事でストレスを感じたりするなら、スモーキークォーツがおすすめです。この石はネガティブなエネルギーを中和し、持ち主を守護してくれます。

旅先でチャクラをサポートする

これは、とりわけ家から離れているときに役立つ方法です。各チャクラのクリスタルを入れた巾着袋と自分の好きな色の小さなシルクのスカーフを旅先にもっていきます。ホテルの部屋に着いたら、テーブルにスカーフを広げ、各チャクラのクリスタルを円形に並べます。静かにすわり、クリスタルをひとつずつ順番に手に取って、そのクリスタルに流れるチャクラのエネルギーに波長に合わせます。このエクササイズが終わるころには、あなたのエネルギーが新しい環境によりグラウンディングされているはずです。この方法は、時差ボケの解消にも効果的です。

カラーヒーリング

カラーヒーリングはホリスティックヒーリングの1種で、セラピストが自分の手を施術する相手の身体の各部に置き、その手を通してさまざまな色のエネルギーを送りこむものです。この種のヒーリングはとても効果的で、施術された人は深い心の安らぎをおぼえ、身体が休まったと感じられます。カラーヒーリングは"スピリチュアルヒーリング"とよばれることもありますが、宗教とは関係なく、たんにエネルギーに関連するヒーリングです。132-135ページで、各チャクラの上に自分の手を置き、そのチャクラの色をイメージする瞑想を紹介しましたが、これも1種のカラーヒーリングです。

あなたがチャクラのエネルギーに次第に慣れ、その色を感じとれるようになってきたら、ほかの人にもカラーヒーリングをしてあげたいと思うかもしれません。そのときは、エネルギーがあなたから来ているのではなく、あなたを通じて流れていることに気づいてください。あなたはエネルギーを人に分け与えるパイプの役目を果たしているのです。

カラーヒーリングを施す

友人に楽な姿勢でうつ伏せに寝てもらいます。頭と腕を枕で支えます。あなたは友人のわきにすわります。2人で数回深呼吸してから始めます。

1 脊柱の付け根の上を手のひらで包みこみます。深呼吸して、基底のチャクラの赤色のエネルギーを感じとります。

2 つぎに仙骨の上を手のひらで包みこみます。深呼吸して、仙骨のチャクラのオレンジ色のエネルギーを感じとります。

3 背中の中ごろを手のひらで包みこみます。深呼吸して、太陽神経叢のチャクラの黄金色のエネルギーを感じとります。

4 つぎに背中の上部を手のひらで包みこみます。深呼吸して、心臓のチャクラの緑色のエネルギーを感じとります。

5 首の付け根にやさしく両手を重ねます。深呼吸して、喉のチャクラの淡い青色のエネルギーを感じとります。

6 後頭部にやさしく両手を重ねます。深呼吸して、第三の目のチャクラの藍色のエネルギーを感じとります。

7 頭頂部に両手を重ねます。直観にしたがい、宝冠のチャクラの白色、または紫色のエネルギーを感じとります。最後は、両手で肩から腰へと背中を3回やさしくなでおろします。しばらくくつろいでから、2人でこのエクササイズの感想を話しあってもよいでしょう。

チャクラに働きかける **カラーヒーリング**

食べ物によるカラーヒーリング

これまでにお話ししたように、さまざまなヒーリングツールや方法でチャクラのエネルギーを感じとることができます。さらに食べ物を通しても、身体にエネルギーをとりこめます。チャクラのエネルギーがさまざまな色を通じて活性化されることに日頃から関心をもつようになれば、食べ物もエネルギーワークを深める方法のひとつなのだと実感するでしょう。

ものを食べると、さまざまな感覚が刺激されます。食べ物の匂いは唾液を分泌させ、身体に消化活動の準備を整えさせます。ものを食べながら、さまざまな食感も味わいます。食べ物の見た目も、味や香りと同じくらい重要です。

たとえば日本の寿司のような伝統料理では、さまざまな色や形の寿司をじつに彩りよく皿に盛りつけます。

あなたは食べ物を皿に乗せるとき、どれくらい色を意識していますか？　もっと彩りを考え

チャクラに働きかける　カラーヒーリング

ながら盛りつけたらどうでしょうか？　たとえばサラダを盛りあわせるとき、青々とした菜っぱに真っ赤なトマト、オレンジ色のニンジン、淡緑色のキュウリ、黄色のパプリカなどをトッピングすれば、サラダがチャクラのエネルギーを高めるごちそうになります。

身体をあたためる

　エネルギーが低下しているときは、食欲をそそるスパイスたっぷりのあたたかく刺激的なカレーにまさるものはありません。あたたかみのあるカレーの色合いが、基底のチャクラや仙骨のチャクラを活性化してくれます。赤くスパイシーなメキシコ料理のチリコンカンでも、基底のチャクラのエネルギーを高められます。

カラフルなごちそう

　果物や野菜のスムージーでも、チャクラをサポートできます。真っ赤なベリーは基底のチャクラ、ブルーベリーは喉のチャクラや第三の目のチャクラ、パイナップルやマンゴなど黄金色の果物は、仙骨のチャクラや太陽神経叢のチャクラを元気づけます。食材の組み合わせは無限にあり、どんな材料でつくろうかと考えるだけでも楽しいものです。

　身体のためだけでなく、魂やエネルギーのためにも食べ物を活用しましょう。

チャクラの色の服を着る

チャクラの色を念頭に置いて着る服を選べば、1日中そのエネルギーを身にまとえます。これは、男性にも女性にも効果的です。オフィスでも、カラフルなネクタイを締めればいつものスーツが活気づきます。制服を着なければならない人は、休日はなるべくお気に入りのチャクラの色の服を着るようにしましょう。

日常生活に彩りを添える

チャクラの色を考えながら着る服を選べば、毎日の生活にあらたな活気がもたらせます。文字通り、その色のエネルギーを1日中身につけられます。

7つのチャクラの色は、赤、オレンジ、黄、緑、青、藍、紫。これは、光を分光してできるスペクトル（虹色の帯）の色です。こうした7つの原色は、そのままではあざやかすぎたり、強烈すぎたりして身につけにくいので、その色の範囲内で色調の異なるものを試してみましょう。たとえば、あざやかなオレンジ色は万人に似合うわけではありませんが、やわらかなアンズ色（アプリコット）の服なら、着やすいものです。原色の紫色はすこし強烈ですが、薄紫色やライラック色も同じ紫色の仲間です。

自分好みの色

クローゼットの中にある自分の服を見てみるとおもしろいものです。いちばん多いのは、何色の服でしょう？　自分の色として無意識のうちに選んでいるのは、どの色でしょうか？　黒やグレーや白い服が多いなら、ぜひとも生活に彩りを添えるべきです。自分に似合う色をもっと探したいのなら、カラーコンサルタントに相談すれば、ぴったりの色が見つかるはずです。小物（たとえば、スカーフなど）をうまく利用すれば、仕事中でも1日中チャクラの色のエネルギーを身にまとえます。

次に買いたい服

思いきって、7つのチャクラ全色のTシャツを買ってみてはどうでしょうか（原色が苦手なら、あなたが心地よく感じられる色調のものでもかまいません）。そのチャクラに働きかけるときにその色のTシャツを着るようにすれば、チャクラのヒーリングをより奥深いものにできるでしょう。

音とチャクラ

喉のチャクラのページ（p.86-87を参照）で、5つの母音を使う簡単なエクササイズをおこない、母音が喉のチャクラに及ぼす作用を体験しました。音や発声は、チャクラのワークにおいてとても重要な要素です。ヒンドゥー教や仏教では、神聖な言葉と音を組み合わせたものをマントラ（真言）とよびます。このマントラを独特の節回しで繰り返し唱えることで、いやしの効果が得られます。

86-87ページでおこなった簡単な発声練習は、チャクラのバランスを整えるエクササイズでもあります。5つの母音は、下5つのチャクラと結びついています。

ア　基底のチャクラ
エ　仙骨のチャクラ
イ　太陽神経叢のチャクラ
オ　心臓のチャクラ
ウ　喉のチャクラ

ア　　　　　　　エ

そのため、5つの母音を続けて発声することは、この5つのチャクラを活性化して回復させ、より高い次元の第三の目のチャクラや宝冠のチャクラのワークのための準備を整えるのにとても効果的です。

まずは、簡単な5つの母音で5つのチャクラのエネルギーの振動を浄化し、それからマントラを唱え、上2つのチャクラを整えましょう。

マントラのパワー

美しいマントラといえば、"オン・マニ・ペメ・フン"が有名です。このマントラは、自分が出しやすい音階で抑揚をつけず一本調子に唱えます。古来の美しいマントラで、宝冠のチャクラのシンボルである"ハスの花の中の宝石"を表し、宇宙とひとつになることや苦しみを乗り越えること、生きとし生けるものへ愛を発することなど、さまざまな意味を含んでいます。

仏教の僧侶たちが一心にこのマントラを唱えるさまは圧巻で、聞いているだけでいやされ、心が落ち着くと同時に高揚感もおぼえます。このマントラはチベットの高山地帯で何百年も前に生まれました。長年にわたり何百万回も唱えられてきたため、このマントラには深いパワーと意味が宿っています。このマントラは、すべてのチャクラ、とりわけ第三の目のチャクラと宝冠のチャクラにエネルギーを補給し、強化することができます。

チャクラに働きかける　音とチャクラ

イ

オ

ウ

古代インドのチャクラの音

ヒンドゥー教では、7つのチャクラに共鳴する神聖な音があるとされます。これは"ビージャ"とよばれ、"種子の音"を意味します。チャクラシステムの根源にまでさかのぼる古来の概念で、種子の音というだけに、ひとつの音節からなります。ビージャは意識の個々の要素であり、各チャクラに共鳴する声によって発せられ、宝冠のチャクラのもっとも高いスピリチュアルな振動レベルに至ります。

ビージャを唱えることは、普遍的な愛の表現です。ビージャを唱えながら、対応するチャクラに意識を集中し、この音がそれぞれのチャクラと共鳴していることに気づいてください。ビージャは、床の上にあぐらをかいて唱えるのがいちばんです。あぐらが苦手な人は、背もたれのある椅子に背筋を伸ばしてすわり、両手をひざの上に軽く置きます。

ビージャ

右ページで示しているように第三の目のチャクラと宝冠のチャクラのビージャは、"オーム（Om）"。"オン・マニ・ペメ・フン（Om mani padme hum）"の最初の音節です。オームは、とても強いパワーをもつ神聖な音で、この音を唱えると心が落ち着いて、不安がやわらぎ、心のやすらぎと調和がもたらされます。

ビージャを唱えると、その特別な古来の振動により、各チャクラが順番にいやされ、活性化されます。基底のチャクラから喉のチャクラまでの5つのビージャは、子音と子音の間に母音がはさまれています。古代のヒンドゥー教では、母音は永遠の魂であり、子音がその魂を池上にもたらすとされました。上2つのチャクラのビージャである"オーム"は、ひとつの母音とひとつの子音により完璧なバランスが保たれていて、大地と魂が完璧に調和している状態です。

チャクラに働きかける **音とチャクラ**

ビージャ
基底のチャクラ ラーム(Lam)
仙骨のチャクラ ヴァーム(Vam)
太陽神経叢のチャクラ ラーム(Ram)
心臓のチャクラ ヤーム(Yam)
喉のチャクラ ハーム(Ham)
第三の目のチャクラ オーム(Om)
宝冠のチャクラ オーム(Om)

サウンドヒーリングの道具

特殊な道具を用いるサウンドヒーリングは、チベットや中国に起源をもつ古来のヒーリングです。このページで紹介する楽器は、各チャクラのエネルギーに対応する特定の音で共鳴します。この楽器を身体の上やまわりに置いたり、身体のそばで演奏したりすると、音の振動がその人のエネルギーフィールドに伝達され、深いリラックス感や心のやすらぎをもたらします。ある音色や音を聞いたとき、それが心に響き、心地よく感じられたことがあるのではないでしょうか。その音こそ、あなたが必要としている音なのです。

シンギングボウル

23ページで紹介したチベットのシンギングボウルは、職人が打ち出して成形した手づくりの金属製ボウルで、金や銀をはじめとする7つの金属からできています。縁を棒でなぞって振動させたシンギングボウルを身体の上に乗せ、共鳴する音を各チャクラへと伝達します。

シンギングボウルのサイズは、活性化させるチャクラによって異なります。シンギングボウルを買うときは、どのチャクラ用に調音されているかを確認しましょう。あるシンギングボウルの音が気に入ったのなら、その音はあなたと共鳴しています。そのシンギングボウルがどのチャクラに対応しているか、確かめてみるとおもしろいでしょう。なぜなら、それがエネルギーを必要としているチャクラだからです。

チャクラに働きかける **音とチャクラ**

どら

中国の金属製のどらは、シンギングボウルをはるかに大きくしたもので、伝統的な錬成技術により青銅から打ち出されて成形されます。さまざまな音のものがあり、高い音で響きわたるものは上位のチャクラと共鳴し、低く太く鳴り響くものは、下位のチャクラを活性化させます。サウンドヒーリングでどらを使う場合は、頭部か足元にどらを置き、音の振動が波のように身体の上を通るようにします。古代中国の王宮では巨大などらが使われていて、天国の扉が開くような音がしたといわれています。

チャイム（風鈴）

中国の風水では、チャイム（風鈴）は心地よい音波を手軽に自分の空間にもたらす道具とされます。金属製や木製、竹製のものがあるので、音をじっくり聞いて、直観にしたがい、自分が心地よいと感じる音を見つけましょう。庭に吊るせば、おだやかな音のさざ波を起こし、部屋に吊るして指で鳴らせば、やわらかな音色で部屋を浄化します。

サウンドヒーリングによるトリートメント サウンドバス

とよばれるヒーリングは、究極のサウンドヒーリングです。サウンドバスを施す施術者は、ベル（鐘）、チャイム、どら、シンギングボウルなど、さまざまなサウンドツールを組み合わせ、あなたの身体のまわりに美しい音と振動をつくり出します。

サウンドバスを受けるときは、リラックスした状態でただ横になり、音と振動を受けとります。音と振動はあなたのすべてのチャクラの調子を整えて活性化し、身体と心をバランスのとれた状態へと導きます。自分の心身のニーズに合わせて調整されたサウンドバスを受ければ、すばらしくリラックスできるはずです。こうしたサウンドヒーリングを受けられるところが近くにあるかどうか、探してみる価値はあります。

自分で
サウンドヒーリングをおこなう

近くでサウンドヒーリングを受けられるところが見つからなければ、CDかストリーミングサービスのヒーリング音楽を試してみましょう。アンデスの笛（サンポーニャ）、チベットのチャイムやティンシャ（チベタンベル）、中国のどら、ネイティブアメリカンのシャーマンの太鼓や歌、美しいハーモニーを奏でるグレゴリオ聖歌など、文化圏ごとに独自のヒーリングサウンドがあります。

ニューエイジ音楽にも、さまざまなサウンドヒーリングのCDがあり、チャクラヒーリング用のものもあります。自分の心に響く曲をよく聞いて、直観的に選びましょう。

自分の音を発見する

お気に入りのヒーリング音楽を聞きながらチャクラのヒーリングを実践すると、とても効果的です。ヒーリング音楽をBGMに使ったときとBGMなしでおこなったときで、それぞれどんな効果があるかを観察しましょう。

音楽を通じて世界中の伝統的なヒーリングサウンドを探るのは、すばらしい旅のようなもの。自分に効果のある音や音楽が見つかれば、なおさらです。チャクラに働きかければ働きかけるほど、あなたの五感は、チャクラシステムをサポートし回復させる振動と調和するようになるでしょう。

日常生活における
チャクラの
エネルギー

　この章では、日常生活を送りながら、どのようにチャクラのエネルギーを観察すればよいのかを探ります。チャクラのこともずいぶんわかってきたので、今度はさまざまなチャクラのエネルギーがどのように他人の行動や日常生活の場面に表れるかを見てみましょう。それがわかれば、人生における自己認識が高まり、自分だけでなく他人のエネルギーにも意識を向けられるようになります。

職場でチャクラを観察する：はじめに

これから、日常生活、すなわちわたしたちが働いている世界で、どのようにチャクラを観察すればよいのかを探ります。

チャクラを巡る旅では、チャクラをひとつずつ詳しく学び、チャクラを理解して体験し、回復させる方法を見てきました。自分のチャクラに働きかけ、そのエネルギーが活性化していくのを感じると、それを"日常"の対極にある"スピリチュアルなもの"と考え、日常生活から完全に切り離したくなるかもしれません。スピリチュアルな実践のために静かな特別の空間を確保することはけっこうですが、このあらたな認識を人生のほかの側面に向けてみるのも有意義なことです。

「でも、どうやって？」と思うかもしれません。あなたは、すでにチャクラとそのエネルギーについての知識と理解を深めています。チャクラのサインに気づきはじめ、自分がどんなタイプの行動をとり、なにが得意で、なにが不得意かもわかるようになり、こうしたことを７つのチャクラのエネルギーという枠組みを通して理解するようになっています。

他人を尊重する

あなたは、他人が示すこうしたサインも観察するようになるでしょう。わたしたちにはみな、長所と短所、得意なこととそうでないことがあります。だれもが自分を輝かせる才能をもち、強いチャクラのエネルギーを発しています。わたしたちは十人十色で、みな魅力的です。他人に表れるチャクラのサインを理解し観察すれば、人間関係や職場におけるあなたの助けとなり、他人とのコミュニケーションや交流をより明確にしてくれます。

宝冠のチャクラの人：発想家

あなたのまわりを見渡してみましょう。本、ロウソク、コンピュータ、皿、ペン――あなたが目にするものはすべて、だれかがどこかである時期につくり出したものに違いありません。こうしたものがつくり出されるには、だれかがそれを作るためのアイデアをもつ必要があります。たとえば皿なら、特定の形や色、模様のある皿を作るというアイデア。本なら、あるテーマに関する話を書きたいという思い。コンピュータなら、性能は同等でさらに小型化したものを作るという考えかもしれません。肝心なのは、こうしたものを形にするには、だれかがそれを作ることを考えなければならないということです。

アイデアは創造性から生まれます。創造性は、宝冠のチャクラの領域です。ほかのすべてのチャクラのバランスがとれ、開いていれば、創造的なエネルギーが流れこむ道が整っています。そういうときは「これだ！」というひらめきが起こりやすくなり、アイデアのエネルギーが心の中で生まれるきっかけとなります。この段階では、そのアイデアを具体的にどう実現するのかは問題ではありません。重要なのはインスピレーションであり、ただそれを流れるようにすることです。

革新的な人を尊重する

どの職場にも、“発想家”あるいは“アイデアマン”とよばれる人がいるものです。あなた自身がそうかもしれません。こうした人はあまり実務向きではなく、ありきたりの日常業務は苦手かもしれませんが、すばらしいことを思いつきます。アイデアは、人間の暮らしを前進させます。こうした人びとは、宝冠のチャクラとの結びつきが強い人たちです。

もし、あなたがだれかを「あの人はいつも頭で考えてばかりいる！」と非難しているのなら、おそらくその人の才能に気づいているのでしょう。だれもがアイデアをもち、それは尊重されるべきもの。おそらくあなたもアイデアを思いつくものの、それがあまり受け入れてもらえないと感じているのではないでしょうか。宝冠のチャクラを活性化し、創造的なエネルギーがあなたの全身を流れるようにすれば、自信をもって自分のひらめきを表現できるようになるでしょう。

第三の目のチャクラの人：設計者

直観とは不思議なものです。"第六感"とよばれることもあり、理由は説明できないものの、あるやり方をすればうまくいくと心の中で確信していることで、論理的ではありませんが、どういうわけか正しいものです。直観によって、わたしたちはものごとや場所、人びと、アイデアを驚くほど即座に結びつけることができます。直観を働かせるには、直観を信頼するようになることです。

直観力にすぐれた人は、発想家が思いついた純粋なアイデアを文脈の中でとらえ、それがどこで、どのように、なぜ役立つのかを感じとります。こうした人たちは、第三の目のチャクラと強い結びつきをもっています。職場では、発想家がアイデアを思いつき、直観的な人がそれを把握して、具体化しはじめます。彼らは設計者であり、マインドマップをつくったり、表やスケッチを描いたりするでしょう。グラフィックデザイナーは、このチャクラの次元で働いています。製品のアイデアを把握して可視化し、アイデアに形や色や個性を与えはじめます。この段階では、製品自体はまだ存在しませんが、その"外観"はすでに現れつつあります。

広告やマスコミの関係者も、このチャクラのレベルで働いています。わたしたちは1日中テレビやインターネット、街頭広告の膨大な映像にさらされています。これらはみな、わたしたちの購買意欲をそそるよう意図されています。まだ実物を見たことがないにもかかわらず、映像の力でそれを買いたいと思わせるのです。

しっかりした判断力を保つ

現代社会では、第三の目のチャクラのエネルギーを蓄え、強化することがとても重要です。巷にあふれるメディアのせいで、わたしたちはみずからの直観的なエネルギーを使わず、別の情報源からのアイデアで代用しています。自分の直観力を使うのを忘れ、錆びつかせています。でも、第三の目のチャクラのワークをおこなえば、ふたたび直観を働かせるようになるでしょう。

喉のチャクラの人：
伝達者

喉のチャクラは、話す、歌う、声を使うなどコミュニケーションに関するすべてとかかわりがあります。発案者のアイデアや直観的な関連づけは、喉のチャクラのレベルではじめて話され、言葉の形で表現されて、他人と共有されます。とても落ち着いた様子でアイデアを語り、ほかの人がわかりやすいように説明できる人や大勢の人の前で堂々と発表できる人を見ると、「本当にすごい才能だな」と思うものです。これは、その人が喉のチャクラと強い結びつきをもっていることを示しています。喉のチャクラが開いて、エネルギーが流れているので、言葉が自由に飛びだし、うまくコミュニケーションがはかれるのです。

音楽の世界には、さまざまなジャンルの曲が数多くありますが、いつまでも心に残っている曲というのは、真の才能をもつ人がうたった歌です。そういう歌い手は、喉のチャクラを通してエネルギーを伝達し、聞き手の心にふれ、感情を揺さぶる音をつくりだします。心の琴線にふれる歌というのは、心臓のチャクラでそれを感じているようです。音楽はさまざまなチャクラに働きかけます。

自分の声を見いだす

喉のチャクラに関して真の才能をもつ人もいれば、そうでない人もいます。自分の本当の気持ちをうまく表現できないと感じている人は数多くいて、その理由も、恥ずかしい、自信がない、話下手だからとさまざまです。職場でプレゼンをするよう頼まれたために夜も眠れず、恐怖の冷や汗をかき、プレゼン当日は、不安のあまり喉が締めつけられるように感じる人もいるものです。自分がそういうタイプだと思うなら、喉のチャクラのエクササイズを実践し、クリスタルなどのエネルギーツールを持ち歩くとよいでしょう。喉のチャクラを目覚めさせ活性化させれば、もっと自信をもって人前で話せるようになるはずです。

心臓のチャクラの人：世話係

「自分のしていることに心血をそそぐ」という表現があります。これは、何かを心底熱心にやっている人を指し、人の面倒をみる世話係に多く見られます。

世話係には、さまざまな例が挙げられます。たとえば親は、日々さまざまな務めを果たしながら、わが子を養っています。看護師、医師、助産師、医療補助者、介護人、セラピストはどれも、他人の面倒をみる仕事です。困っている人を助け、サポートしたいという強い動機や使命感から、こうした職につく人も数多くいます。ボランティアの人たちは、人びとの暮らしをよりよくしたいという思いから、無報酬で地道な仕事をおこなっています。自分がしていることに心血をそそぐのは、すこしタイプの異なる投資のようなもので、あなたはそれをお金ではなく、大義のためにしているのです。こうした人びとは、心臓のチャクラと深い結びつきをもっています。

愛を補給する

あなたもふだんの生活で他人の面倒をみているかもしれません。だれかをサポートしたい、必要なときはそばにいてあげたいと思っていることでしょう。だれかが悩みを聞いてほしいとき、思いっきり抱きしめてほしいとき、身の上話を静かに打ち明けたいときにやってくる相手が、あなたかもしれません。そんなとき、あなたは心臓のチャクラのエネルギーを発しています。

心臓のチャクラのエネルギーが強い人は、自分の心臓のチャクラにつねにエネルギーを補給し、回復させることが重要です。疲労感やストレスや過重な負担を感じたり、燃え尽きたりしたように感じるのは、チャクラのエネルギーが完全に消耗し、蓄えを"使い果たしている"サインです。エネルギーが消耗したままでは、心臓のチャクラで与えつづけることはできません。心臓のチャクラのためのエクササイズや道具を使って、このチャクラを回復させ、活性化させましょう。心臓のチャクラの人であるならば、まずは自分自身を大切にすること。そうすれば、他人に与えるエネルギーも湧いてきます。

太陽神経叢の
チャクラの人：リーダー

太陽神経叢のチャクラが強い人は、人の上に立つことができる、生まれながらのリーダーです。心がしっかりした人で、自分の力に心地よさを感じています。前向きな状況では、こうしたリーダーシップは部下たちを鼓舞し、一人ひとりがもつ能力を最大限に発揮させます。職場では、経営者、役員、管理職など、従業員に対して責任を担う人たちです。こうしたリーダーの務めは、だれでも果たせるわけではありませんが、組織や事業、国家の繁栄には、自信にあふれたリーダーが物事を前進させつづけるために必要不可欠です。

太陽神経叢のチャクラは、個人の力が宿る場所です。このチャクラのサンスクリット名 "マニプーラ" は "宝石の場所" を意味し、エレメントは火です。とても強力なチャクラであり、ここで自分の意思を世界に向けて示します。

健全な力

よい結果を出すために意思の力が投じられていれば、太陽神経叢のチャクラはその真価を発揮しています。しかし、このチャクラがバランスを崩し、刺激を受けすぎることもあります。意思や個人の力を自分だけのために使ったり、他人を抑えこむためや自分の好き勝手にするために利用したりするときは、太陽神経叢のチャクラのエネルギーの悪い側面が表れています。火について考えてみてください。火は賢く使えば、すばらしい明るさとあたたかさをもたらしますが、猛火はすべてを焼き尽くしてしまいます。

バランスを保つ

太陽神経叢のチャクラは、心臓のチャクラのエネルギーとバランスをとる必要があります。それにより、意志の力と無条件の愛のエネルギーのバランスが保たれるからです。太陽神経叢のチャクラのエネルギーは、チャクラシステムに必要不可欠なもの。なぜなら、このエネルギーが炎をもたらし、物事を実現させるエネルギーを与えてくれるからです。わたしたちはみな、人生で進歩するためにこのエネルギーを必要とします。しかし、個人の意志は、まわりにいる人たちのニーズと調和させる必要があります。

仙骨のチャクラの人：橋渡し役

生まれつき社交的な人たちは、他人と情報を共有し、人と人とを結びつけたいと思っています。こういう人は生来の橋渡し役で、幅広い交友関係をもち、人生を滞りなく進めるには、最適な人たちに仕事をまかせる必要があると信じています。親しみやすくオープンな人たちで、だれでもあたたかく迎え入れます。大きな食事会の席順を決めるのも得意で、だれとだれを一緒にすわらせればよいか、正確に把握しています。こうした人は、仙骨のチャクラと深い結びつきがあります。

職場では、仙骨のチャクラの人は、他人とコンタクトをとりながら働きます。「重要なのは、なにを知っているかではなく、だれを知っているかだ」というわけです。なにかが必要になったら、だれに電話やメールをすればいいか即座に思いつき、接待などで人をもてなす価値を理解し、今後のビジネスに活かせる有益なコネづくりも得意です。仙骨のチャクラの人は、ひとりで働くよりも、他人と協力して働くほうが向いていて、会議やブレインストーミング、市場調査のグループインタビューなどで活躍します。他人と共同で働くと、その真価を発揮します。

自分の特別なエネルギーを高める

なにかを人と"共同でする"のが苦手な人や、集団の中で気後れし、ひとりでいるのを好みがちな人は、仙骨のチャクラのエネルギーが消耗し、サポートを必要としているようです。仙骨のチャクラに働きかければ、一晩で社交的な人になれるわけではありませんが、社交的な場でより気がねなく、くつろげるようになり、他人と一緒に活動する機会にも、もっと目を向けられるようになるでしょう。

仙骨のチャクラのエネルギーはあたたかく開放的、自発的で、喜びにあふれています。こうしたすばらしい特質は、きっと実りある豊かな友情を築くはず。「人はひとりでは生きられない」とよく言うものです。わたしたち人類が種として進化してきたのは、仲間とともに暮らし、働き、愛しあうようになったからです。仙骨のチャクラを活性化すれば、じつに豊かな社会生活が送れるようになるでしょう。

基底のチャクラの人：
実行者

発想家やアイデアマンについて話した
とき、そうした人たちは宝冠のチャク
ラのレベルで働いているので、実務
や肉体労働がやや苦手だと説明しました。し
かし、そうしたアイデアは、その対極のチャクラ
のレベルで働く人、すなわち実行者がいなけれ
ば、けっして具体化することはありません。こう
いう人は、腕まくりをして、アイデア実現のため
に必要なことを意欲的におこないます。基底
のチャクラの人は、実務型で地に足がつき、実
践的なスキルを身につけ、結果を出すために喜
んで汗水ながし働きます。創造的なアイデア
を首尾よく実現するために必要不可欠な人た
ちです。

　新しい建物の建設にたとえるなら、発想家
が建物のコンセプトを考え出し、建築家が建物
をデザインしますが、建物を建てるために手際
よくレンガを積み、モルタルを混ぜる人がいな
ければ、その建物が実際に形になることはあり
ません。実行者は、さまざまなスキルをもつ人
びとです。アイデアマンと同じくらい重要です
が、それに見合うだけの敬意をつねに払われて
いるわけではありません。

行動することの意義

　実行者は、「では、それは実際どう役立つの
ですか？」とよく質問します。検討を依頼され
た案件に実際どのような意義があるのかを知
りたいからです。アイデアばかり出す人はこう
した側面を見過ごしがちなので、実行者のおか
げでよいバランスが保たれます。

　自分はどちらかといえばアイデアマンだとい
う人は、基底のチャクラのためのワークをおこ
ない、基底のチャクラのエネルギーを活性化
し、その結果を観察しましょう。すると、なにか
実用的なスキルを習得しようと当然思いたつか
もしれません。人生では、これまでと違うこと
にいつでも挑戦できます。とにかくやってみま
しょう。そこからなにが始まるかは、やってみる
までわかりません。

自分のチャクラの長所と短所をたしかめる

日常生活に表れるチャクラのサインについて学んだので、これからあなた自身のチャクラの才能と課題をたしかめるエクササイズをしてみましょう。よいも悪いも、プラスもマイナスもありません。ただ実際に自分がどうなのかを知り、変えたいと思うところがあれば、そこに目を向けてみましょう。

チャクラのエクササイズ

あなたが所属する地元の団体が、活動に使っている建物の改装費を集めようとしています。

右のコメントを読んでください。すくなくとも1つか2つは「はい、わたしがこれをやります」と思えるものがあるはずです。また、「いや、これはわたしには向きません」と思うものも見つけます。この簡単なエクササイズで、あなたの中で支配的なチャクラのエネルギーと、むずかしいと感じているチャクラのエネルギーがわかります。こうした状況を変えるにはどうすればよいかもわかっているので、そうしたチャクラのワークをおこない、結果を見ましょう。あなたは人生を変える道具を手にしているのです。

第三の目
ぼくは募金をよびかけるホームページをつくって、活動を支援するよ。

仙骨
知り合いみんなに電話やメールをして、ミーティングに参加するよう呼びかけるよ。

心臓
これはすばらしいアイデアだから、募金活動がスムーズにいくよう気を配るよ。

日常生活におけるチャクラのエネルギー

喉
わたしは地元の新聞社に取材してもらい、募金活動を宣伝するわ。

宝冠
募金活動のためのすばらしいアイデアを思いついたよ。

太陽神経叢
募金活動のためのミーティングで司会を務め、みんなをまとめてみせるわ。

基底
募金活動のビラを町中の家のポストに配って歩くわ。

自宅における
チャクラの
エネルギー

　この章では、自宅のどの場所でどのチャクラのエネルギーを高めればいいのかを探ります。これにより、あなたの生活環境がヒーリングと恩恵に満ちた個人的空間へと変わるでしょう。自分の内にあるチャクラへの意識を高めれば、新しいエネルギーを外の環境にも広げ、人生に真のバランスをもたらすことができます。

基底のチャクラ：
自宅は安心安全な場所

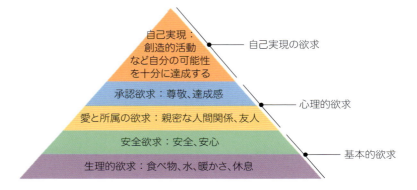

　　自宅が安心安全な場所だという考えは、人間の意識に深く根づいています。1950年代に心理学者のアブラハム・マズローは、上の図のような欲求5段階説を提唱しました。

　マズローの欲求5段階説の図は、いろいろな意味でチャクラシステムに似ています。下層の2つの段階は基本的欲求にかかわり、その上の中間層は心理的欲求、上層は自己実現の欲求と関連しています。

　基本的欲求の段階では、安心や安全が、食べ物や休息などの身体的欲求とともに人間の心身の健康に必要不可欠です。自宅は、単に四方を壁に囲まれているだけの場所ではありません。そこに根づき、グラウンディングしていると心底思え、そこにいれば安心だと思える場所である必要があります。

自分自身の場所

　あなたは自宅でどのように感じているでしょうか？　外出先から戻ってきたとき、安全な場所だと感じられますか？　これは、かならずしもドアや窓に鍵がかかっているとか、防犯ベルが設置してあるという意味ではなく、自宅が自分にとっての聖域かどうかということです。これは、基底のチャクラのエネルギーと結びついています。この家が自分のものだと感じられますか？　家のエネルギーはあなたの内面や外面とどのように合っていますか？　自分で家を選んだのなら、きっとあなたに合っているでしょう。しかし、自分では選択できない場所に移らざるをえなかったのなら、心からくつろぐことはできないかもしれません。

空間を浄化する

　香を焚く儀式をすれば、基底のチャクラのエネルギーを加える前に自宅の空間を浄化できます。耐熱皿に小さな木炭をのせ、自分の好きな香かセージの葉を焚きましょう。煙が立ちはじめたら、基底のチャクラのための瞑想をおこない、自分が今ここにいて、この空間にグラウンディングしていることを感じます。さらに、まわりのネガティブなエネルギーから身を守るために、部屋の中央にスモーキークォーツを置きましょう。こうすることで、基底のチャクラのエネルギーを空間にもたらし、自分だけの聖域をつくることができます。

仙骨のチャクラ：
自宅は人をもてなす場所

スペインの格言「ミカサ・スカサ（わたしの家はあなたの家）」は、仙骨のチャクラのエネルギーをどのように自宅にもたらせばいいかをよく言い表しています。それは、家にやってきた人すべてをあたたかく迎える空間をつくり出すことにほかなりません。

外出先から今、帰宅したとします。わが家の第一印象はどうでしょうか？　がらくたがあふれかえり、玄関にずっとものが置きっぱなしではないですか？　家にやってきた人は、それを見てどう思うでしょう？　こういうことは、ふつうは家を売却しようと考えている人しか考えないものですが、あなたはそこにずっと住んでいるのですから、そろそろこの点を見直す時期ではないでしょうか？

客をもてなす

仙骨のチャクラのエネルギーは、人と分かち合い、ともに過ごし、オープンな心であたたかく迎え入れることとかかわりがあります。多くの文化圏では、客をもてなすことを神聖なこととみなし、上座である炉端近くの席に客をすわらせます。こうして客を歓待することで、家の主は客からよいエネルギーを受けとります。

自分の家について考えてみましょう。家族や友人が集まる場所はどこですか？　おそらく台所やダイニングのテーブルのまわりにすわったり、リビングのソファや椅子に腰かけたりするのではないでしょうか。その場所を見て、自分にこう問いかけます。ここをもっと人をもてなす場所にするには、どうすればいいのだろう？クッションやカバーを新調したら、ソファがもっと魅力的に見えるかもしれません。家具の配置を変えたら、より開放感が出るかもしれません。きれいな花を飾れば、自然のニュアンスが加わり、窓をぴかぴかに磨けば、きらめく光が差しこみます。

あたたかみのある色

キッチンにあんず色（アプリコット）や淡いオレンジ色など仙骨のチャクラの色合いを用いたり、壁にテラコッタを貼ったりすると、人をもてなす雰囲気が出せます。カラフルなテーブルクロスやカーテンをやめ、より自然な色合いや素材のものに変えてみましょう。人を迎え入れる場所に仙骨のチャクラのエネルギーを満たし、家族や友人がその変化にどう反応するかを観察しましょう。

太陽神経叢のチャクラ：
自宅は活力を与える場所

太陽神経叢のチャクラを象徴するのは、光とパワーとエネルギーに満ちた太陽です。自宅で太陽神経叢のチャクラのエネルギーを最大限に高めるには、いちばん日光が差しこむ部屋を見つけ、そこをより一層解放感あふれる場所にすることです。

家の中を歩きながら、そうした部屋を探しましょう。これまで、どこがいちばん日の当たる場所か、あるいは太陽の動きにつれて日差しがどう変化するかなど、考えてみたことがなかったかもしれません。

光は、窓を通して部屋に入ってくるので、窓の内側も外側もピカピカに磨いておけば、部屋に明るさを取り入れ、家の中のエネルギーをすがすがしく保てます。天気がよいときは窓を開け、新鮮な空気と光を家に取り入れるとなおよいでしょう。

光を反射させる

中国の風水では、家の中のエネルギー（気）の流れをよくして、よどまないようにするために特定のものを置きます。ここでは、壁に鏡をかけるのがポイントです。壁の鏡は光を反射し、日光が差しこまい場所でさえ明るくします。小さな部屋の壁に大きな鏡をかければ、部屋の雰囲気が一変します。

クリアクォーツやシトリンなどの天然のクリスタルでも光を反射できます。カットガラスを吊るせば、光が屈折し、7色の虹のきらめきを放ちます。こうした光あふれるものを用いて、部屋に活気を取りこむことができます。

直観にしたがう

太陽神経叢のチャクラのエネルギーは、個人の力とエネルギーを表します。自分が直観的に惹かれるクリスタルを選び、直観が導く場所に置けば、自宅における太陽神経叢のチャクラのエネルギーを高められます。大きなクリスタルなら、部屋に強力なエネルギーを集中できます。ここだと思う置き場所が見つかるまで、クリスタルをなんども移動させることになるかもしれません。これによって、あなたは自分の空間で自分自身のエネルギーを直観的に高めているのです。

心臓のチャクラ：
自宅は緑あふれる場所

緑 色は、心臓のチャクラと関係の深い色のひとつです。生き生きとした自然の色なので、自宅で心臓のチャクラのエネルギーを高めるには、植物や花のエネルギーが取りこめる場所に目を向けるとよいでしょう。

家に庭があるのなら、もちろんそこからスタートします。庭やそこに生えている植物とかかわりをもてばもつほど、あなた自身の心臓のチャクラのエネルギーも高まります。庭はあなたにとってどのような場所でしょうか？　庭作業は楽しいというより、どちらかといえば面倒だというのなら、どうすればもっと魅力的にできるかを考えてみます。庭づくりの専門家の助けを借りて、庭の空間に曲線を取り入れたり、あたらしい花壇を作ったりして変化をつければ、平凡でおもしろみに欠ける芝生や花壇が見違えるほどすてきになります。庭に傾斜があるのなら、花壇をひな壇状にすれば、段差をつけて植物を植えられ、ユニークな空間が生まれます。かがんで雑草を抜くのがつらいのなら、花壇の位置を高くして、植物の手入れをしやすくしてもよいでしょう。庭があるのは、ありがたいもの。庭で時間を過ごせば過ごすほど、心臓のチャクラのエネルギーも高まります。

限られた空間を有効に使う

アパートやマンションに住んでいる人は、ベランダのプランターや植木鉢で、花、ミニトマトなどの野菜、料理に使うハーブなどを育てられます。ベランダがなくても、室内に花や植物を置けば、緑のエネルギーをもたらせます。オリヅルランは、室内のネガティブなエネルギーを中和します。温かい室内では、ランなどの美しい南方系の植物を育てやすいでしょう。自宅に植物を置いてみると、自分が緑色の心臓のチャクラのエネルギーをどの場所にほしいかが直観的にわかります。

喉のチャクラ：
自宅は自分を表現する場所

自分専用の空間をつくることは、人間の本能に深く根ざしています。喉のチャクラは、自分が話す言葉であれ、自分らしさを表す身の回りのものであれ、自分のアイデンティティを確立するためのエネルギーを与えてくれます。

　自分専用の空間が人間にとってどれほど重要か、考えたことがあるでしょうか？　たとえば電車に乗りこむと、人は自分がすわった場所にコートや小物などの持ち物を好きなように並べ、またたく間にそこを自分専用の場所にします。家族で座席を占領すれば、その一角がたちまち家族専用のスペースと化します。行楽客は浜辺に到着すると、すぐにタオルを敷き、まわりに自分たちの荷物を並べ、自分の陣地を主張します。身の回りに快適な空間をつくり出すことは、わたしたちのだれもがすることです。

　これを自分が暮らす空間に当てはめれば、自分の身のまわりのもの、ものの並べ方、その空間の雰囲気すべてが、あなたの自己表現だといえます。さあ、自分の家を見渡して、まるではじめてそこを見ているように観察してください。その空間にどれくらい自分らしさが表れていますか？　もっと自分らしさを出すにはどうすればよいでしょうか？

自宅での自己表現

　創造性を発揮して自分専用の空間をつくることは、自由かつ刺激的で、楽しいことです。壁に飾った絵、本棚に並べた本、ソファのクッション、床のカーペット、さらには壁の色、あなたのまわりのものすべては、あなたに選ばれてそこにあります。喉のチャクラのエネルギーをもっと自分の空間に取り入れたいのなら、部屋を見回しながら、自分らしさが表れているものはどれか、もう自分には不要だと思うものはどれかを自分自身に問いかけます。勇気を出して、過去のものは手放しましょう。そして、喉のチャクラのエネルギーを使い、本当にあなたらしい"歌声"が響く空間をつくりましょう。

第三の目のチャクラ：自宅は創造的な場所

第三の目のチャクラに最近働きかけはじめた人は、より創造的な人生をおくりたいと思うようになってきたのではないでしょうか。創作活動をおこなうための特別な場所を自宅にもうけると、このプロセスをさらに促すことができます。

子どものころの"隠れ家"を思い返してみると、そこは自分たちの創作世界を彩るさまざまなものに満ちた特別な場所だったはず。大人が来ない自分たちだけの秘密基地を木の上につくったり、ガレージや屋根裏部屋に友だちと集まって遊んだりしたことでしょう。

大人の隠れ家には、いろいろなものが考えられます。庭の物置小屋のような場所でも、自分専用の特別なスペースにできます。地球にやさしい生活を送ってみたいなら、エコ素材を使用したコンテナハウスやプレハブを屋外に設置してもよいでしょう。あまり使っていない部屋や空いている寝室が自宅にあれば、そこを創作活動の場にできます。たとえ空いている部屋がなくても、自分だけのスペースが確保できなくても、インスピレーションがわく場所をつくりだす方法はあります。たとえば、自分の部屋の一角をきれいなスクリーンで仕切れば、そこを特別な空間にできます。

自分の空間で手がける

隠れ家とは、自分の創造的エネルギーが自分自身を刺激し、楽しませるような形で発揮できる特別な空間のこと。絵画、音楽演奏、写真、裁縫、執筆など自分が大好きなことをそこでおこない、いつでも気が向いたときに戻ってきて、また手がけられる場所のことです。それは、第三の目のチャクラに働きかける空間であり、みずから魔法を生み出して、エネルギーワークから得たインスピレーションを活かす場所です。

宝冠のチャクラ：
自宅は神聖な場所

世界中の多くの国、とりわけ極東の国では、ふつうの民家に小さな祭壇や神棚があり、毎日花を飾ったり、香を焚いたりします。昔から仏壇にご先祖様を祀ったり、仏像のような宗教的な像を飾ったりしています。こうした行為により、家の中に神聖な場所が生まれます。この場所に意識を向ければ、宝冠のチャクラやスピリチュアルなエネルギーとの結びつきを強められます。

自宅に祭壇をもうけることで、自分の空間にスピリチュアルなエネルギーをもたらせます。宗教的なシンボルを飾ってもけっこうですが、そうでなくてもかまいません。自分にとってスピリチュアルな意味のあるものなら、なにを置いてもよいのです。

自分の祭壇をもうける

自分の祭壇の置き場所をどこにするかは、重要なポイントです。チャクラのエネルギーを高めるための瞑想やヨーガをおこなうお気に入りの場所がすでにある人は、そこに祭壇をもうければ、チャクラワークのエネルギーをより集中できるでしょう。

祭壇には、小さな低めのテーブルがおすすめです。テーブルには、自分の好きな色のクロスをかけます。カラフルなクロスやスカーフをかけてもけっこうです。花を生ける花瓶、ロウソクとキャンドルホルダー、香と受け皿は大切です。花は祭壇に自然のエネルギーを運び、ロウソクと香は空間を浄化します。さらにクリスタルや浜辺で拾った石、小さな像、羽根など自分にとって意味のあるものを加え、テーブルに好きなように並べましょう。毎日ロウソクに火を灯し、香を焚き、花の水を取り替えて祭壇の手入れをすれば、宝冠のチャクラのスピリチュアルなエネルギーを自分の空間にもたらせます。

チャクラの旅：
気軽にはじめましょう

本書を通して学んできたようにチャクラの探求は、人生にスピリチュアルな意味をもたらします。7つのチャクラをひとつずつ掘り下げ、各チャクラを活性化させるエクササイズを実践したり、日常生活におけるチャクラのエネルギーのサインに気づき、職場や自宅でそのエネルギーを発展させたりすることは、人生を向上させ、個人の意識を拡大させます。

では、どこから始めればよいのでしょうか。大切なのは、とにかくやってみること、最初の一歩を踏みだすことです。

学ぶことの喜び

ひとつの方法として、第2章に戻り、さまざまなチャクラのエクササイズをおこないながら、それぞれのチャクラについて理解を深めてはどうでしょうか。チャクラのエネルギーが心地よく感じられれば、そのチャクラが正しく働いているサインです。逆にしっくりこないチャクラがあれば、エネルギーを高めるエクササイズをおこなうことで、そのチャクラを活性化できるでしょう。

これは、発見の旅。ゆっくり手探りで進み、自分に効果的な方法を見つけ、自分にやさしくしてください。この旅は、わくわくするほど楽しく不思議で、発展性を秘めています。先に進めば進むほど、ますます探求したくなるでしょう。好奇心と自分へのやさしさをもって、旅の一歩を踏みだしてください。

なによりも、この旅を楽しみましょう！

「千里の行も足下に始まる」
老子

用語集

サンスクリット語

アーサナ
ヨーガのポーズ

アーユルヴェーダ
精神性、医学、ヨーガ、食事、健康を包括する古代インドの"生命の科学"

チャクラ
人間にあるエネルギーセンター、"車輪"を意味する

ビージャ
インド古来のチャクラの音、"種子の音"を意味する

プラーナ
人間の身体を流れる生命エネルギー。宇宙の源から人間へと伝達され、脊柱沿いの各チャクラへと流れる。

マントラ
繰り返し唱えられるサンスクリット語の聖なる言葉。「オン・マニ・ペメ・フン」など。

その他の言葉

アロマセラピー
エッセンシャルオイルを使って身体や精神の状態を整えること

アロマバーナー
キャンドルや電気でエッセンシャルオイルをあたため、部屋中に香りを拡散させる装置

色の振動
虹の7色(7つのチャクラの色)は、わたしたちが目にするおもな色。光の色は光の振動数によって決まり、白い光はもっとも振動数が高く、黒い光はもっとも振動数が低い。その中間のすべてのチャクラの色はさまざまな振動数をもつ。たとえば、宝冠のチャクラの紫色は高い振動数をもち、基底のチャクラの赤色は低い振動数をもっている。

エッセンシャルオイル
単一の植物、果実、ハーブ、樹木、花から抽出される100パーセント天然由来の芳香物質

エネルギー
宇宙全体やあらゆる生きものに満ちている力。中医学では「気」、インドのアーユルヴェーダでに「プラーナ」とよばれる。

オーラ
人間の身体を満たし、取り囲んでいるエネルギーフィールド。敏感なヒーリング能力をもつ人は、色のついたフィールドとして人間のまわりにオーラを見ることができる。チャクラの各色は、そのチャクラの活性度に応じて、濃い色あるいは薄い色としてオーラに表れる。

胸骨
胸部の中央にあり、左右の肋骨をつなぐ丈夫な骨。心臓のチャクラはここにある。

香
香りのよい天然の樹脂やハーブをすりつぶしてペースト状にし、棒状に加工したり、粉末状にしたりしたもの。炭の上で焚いて使う。

用語集

セルフヒーリング
自分で自分に施すヒーリング。心身を落ち着けてリラックスさせ、心のやすらぎを促す。

仙骨
脊柱の付け根にある三角形の大きな骨

第六感
直観、突然ひらめく知識のこと。通常の五感──視覚、聴覚、嗅覚、味覚、触覚は、第六感により強められるといわれている。

ダウジング
紐の先に重りをつけた振り子を使って、イエスかノーかの答えを受け取る古来のエネルギーの感知法。

内分泌系
全身のホルモン系のこと。人間の身体は、睡眠、気分、女性の月経などに影響を及ぼすさまざまなホルモンを分泌している。

ヒーリング
色、音、エッセンシャルオイル、マッサージなどさまざまな方法を用いて人間のエネルギーのバランスを整えること

風水
特定のものを特別な場所に置くことで、家などの空間のエネルギー（気）の流れを整える古代中国の思想

ホリスティックヒーリング
なんらかのヒーリング法を用いて心と身体と魂のバランスを整えること

ホルモン
身体が特定の器官や組織やシステム（系）に作用を及ぼすために分泌する調整物質

瞑想
リラックスした姿勢ですわり、呼吸法やビジュアライゼーション（視覚化）を使って心をしずめ、心の平安を得る方法

215

参考文献

チャクラ

『クリスタルヒーリング』リズ・シンプソン（ガイアブックス）

Osho *The Chakra Book: Energy and Healing Power of the Subtle Body* (Osho Foundation, 2015)

Doreen Virtue *Chakra Healing: Awakening Your Spiritual Power to Know and Heal* (Hay House, 2004)

Ambika Wauters *The Book of Chakras* (Barrons Educational Series, 2002)

ヨーガ

『ヨーガ』タラ・フレーザー（ガイアブックス）

『アイアンガーヨガ　基本と実践』B.K.S.アイアンガー（ガイアブックス）

Charice Kiernan *The Yoga Bible for Beginners* (Author, 2017)

Kassandra Reinhardt *Yin Yoga: Stretch the Mindful Way* (DK, 2018)

Sivananda Yoga Vedanta Centre *Yoga: Your Home Practice Companion* (DK, 2010)

アロマセラピー

『アロマセラピー』ジェニー・ハーディング（ガイアブックス）

『図解アロマセラピー活用百科』ジュリア・ローレス（ガイアブックス）

Susan Curtis *Neal's Yard Remedies: Essential Oils* (DK, 2016)

Patricia Davis *Aromatherapy: An A–Z* (Ebury, 2011)

Jennie Harding *The Essential Guide to Oils* (Watkins, 2008)

Jennie Harding *Aromatherapy Massage for You* (Duncan Baird Publishers, 2005)

カラーヒーリング

『カラー・ヒーリング&セラピー』テオ・ギンベル（ガイアブックス）

June McLeod *Colours of the Soul: Transform Your Life Through Colour Therapy* (O Books, 2006)

Howard Sun and Dorothy Sun *Colour Your Life: How to Use the Right Colours to Achieve Balance, Health and Happiness* (Piatkus, 2012)

関連書籍

Pauline Wills *The Colour Healing Manual* (Singing Dragon, 2003)

サウンドヒーリング
Jonathan Goldman *The Humming Effect: Sound Healing for Health and Happiness* (Healing Arts Press, 2017)

クリスタルヒーリング
『クリスタルバイブル』ジュディ・ホール（ガイアブックス）

『クリスタルズ』ジェニー・ハーディング（ガイアブックス）

Lucy Gemson *Crystals: The Complete Beginner's Guide* (Author, 2016)

Judy Hall *The Little Book of Crystals* (Gaia, 2016)

『日々の生活にチャクラを活かす』
パトリシア・マーシア

『ヨーガバイブル』
クリスティーナ・ブラウン

『ヨーガ本質と実践』
ルーシー・リデル

『スワミ・シヴァナンダの瞑想をきわめる』
シヴァナンダ・ヨーガ・ヴェーダーンタ・センター

『シンプルアロマセラピー』
サラ・ディーン

『アロマ療法』
クリシー・ワイルドウッド

『実用カラーの癒し』
リリアン・ヴァーナー・ボンズ

『実践カラーヒーリング』
ステファニー・ノリス

『クリスタルを活かす』
ジュディ・ホール

『新しく見つかったクリスタル&癒しの石』
ジュディ・ホール

※すべてガイアブックス発刊書籍

参考文献／関連書籍

おすすめのウェブサイト

CHAKRA HEALING
Mindbodygreen
www.mindbodygreen.com

Chakra Healing
www.chakrahealing.com

YOGA
British Wheel of Yoga
www.bwy.org.uk

Iyengar Yoga
www.iyengaryoga.org.uk

Sivananda Yoga Centre
www.sivananda.org/london

AROMATHERAPY
Tisserand Aromatherapy
www.tisserand.com

Quinessence Aromatherapy
www.quinessence.com

Oshadhi Essential oils
www.oshadhi.co.uk

National Association for
Holistic Aromatherapy
www.naha.org

Alliance of International
Aromatherapists
www.alliance-aromatherapists.org

International Aromatherapy and
Aromatic Medicine Association
www.iaama.org.au

SOUND HEALING
The College of Sound Healing
www.collegeofsoundhealing.co.uk

British Academy of Sound Therapy
www.britishacademyofsoundtherapy.com

Sound Healers Association
www.soundhealersassociation.org

Vibrational Sound Association
www.vibrationalsoundassociation.com

Australian Holistic Healers' Association
www.ahhca.org

CRYSTAL HEALING
British Academy of Crystal Healing
www.britishacademyofcrystalhealing.co.uk

Association of Melody Crystal Healing
Instructors
www.taomchi.com

Australian Crystal Healing Centre
www.crystalsoundandlight.com

索引

あ

アイアンガー、B.K.S.　12
アクセサリー　158
アーサナ　ヨーガのポーズを参照
アジナ　第三の目のチャクラを参照
アーススターチャクラ　122
アトラスシダーウッド　118, 149
アナハータ　心臓のチャクラを参照
アファーメーション
　　基底のチャクラ　32
　　心臓のチャクラ　68
　　仙骨のチャクラ　44
　　第三の目のチャクラ　92
　　太陽神経叢のチャクラ　56
　　喉のチャクラ　80
　　宝冠のチャクラ　104
　　「わたしは愛する」　68
　　「わたしは生きている」　32
　　「わたしはいる」　104
　　「わたしは感じる」　44
　　「わたしはおこなう」　56
　　「わたしは話す」　80
　　「わたしは見る」　92
アメジスト　114, 155, 157
アーユルヴェーダ　12, 18, 54
アルタメジャーチャクラ　120
アロマセラピー　エッセンシャルオイル
　　を参照
色
　　藍色　10, 92, 94
　　青色　22, 68, 88
　　赤色　10, 22, 32, 41, 100,
　　　120
　　アーススターチャクラ　122
　　アルタメジャーチャクラ　120
　　淡い青色　10, 80, 88, 100
　　暗褐色　122
　　ヴィリディタス　68
　　オレンジ色　10, 22, 44, 54
　　黄色　10, 22, 54, 66, 68, 100
　　基底のチャクラ　32, 41, 120
　　胸腺のチャクラ　118
　　白色　104

心臓のチャクラ　68
仙骨のチャクラ　44, 54
第三の目のチャクラ　92, 94
太陽神経叢のチャクラ　66, 68
ターコイズブルー　118
喉のチャクラ　68, 80
服　41, 53, 166
宝冠のチャクラ　104, 120
マゼンタ　120
緑色　10, 22, 68
紫色　10, 22, 104, 114, 120
咽頭炎　26, 82
歌をうたう　26, 80, 86
ヴィヴェーカーナンダ、スワミ　12
ヴィシュッダ　喉のチャクラを参照
ヴィリディタス　68
エッセンシャルオイル　144-149
　　アトラスシダーウッド　118, 149
　　基底のチャクラ　42, 146, 149
　　グレープフルーツ　149
　　サンダルウッド　54, 146, 149
　　ジャスミン　120, 144, 149
　　上級者向けのブレンド　148-149
　　ジンジャー　149
　　心臓のチャクラ　78, 146, 149
　　スウィートオレンジ　149
　　ゼラニウム　149
　　仙骨のチャクラ　54, 146, 149
　　第三の目のチャクラ　102, 147,
　　　149
　　太陽神経叢のチャクラ　66, 146,
　　　149
　　注意点　145
　　ネロリ　124, 149
　　喉のチャクラ　90, 147, 149
　　プティグレイン　149
　　フランキンセンス　102, 147,
　　　149
　　ベチバー　122, 149
　　ベルガモット　149
　　ベンゾイン　42, 146, 149
　　宝冠のチャクラ　114, 147, 149
　　ホホバオイル　78, 120, 144,

　　　149
　　マンダリン　149
　　ミルラ　149
　　瞑想　42, 54, 102
　　ユーカリプタス　149
　　ラベンダー　114, 147, 149
　　レモン　66, 146, 149
　　レモンユーカリプタス　149
　　ローズ　78, 144, 146, 149
　　ローマンカモミール　90, 147,
　　　149
エネルギー
　　チャクラのエネルギーのサイン
　　　24-27
　　チャクラのエネルギーを感じとる
　　　14
エネルギーの流れ　18, 136-137
エピクロス　51
オブシディアン　122
オン・マニ・ペメ・フン　80, 169,
　　170

か

合蹠のポーズ　48-49, 130
ガーデニング　40, 65, 204
カラーエネルギーサーキット　128,
　　140
カラーヒーリング　22, 160-165
感情　25, 44
基底のチャクラ　10, 32-43,
　　104, 122
　　アファーメーション　32
　　位置　24, 34, 46
　　色　32, 41, 120
　　エクササイズ　195
　　エッセンシャルオイル　42,
　　　146, 149
　　エネルギーの流れ　136-137
　　エネルギーを高める道具　42
　　感じとる　34
　　クリスタル　42, 155, 157
　　サンスクリット語の名前
　　　16-17

ストレス　32, 40
生殖腺　19
チャクラのサイン　24, 32, 34, 46
土を掘る　40
裸足で立つ　40
冷え性　41
ひざを胸にかかえるポーズ　20
人　192
瞑想　34, 38, 42
ヨーガのポーズ　20, 36-37, 42,
　130
料理　41
胸腺　19, 118
胸腺のチャクラ　118
クリアクォーツ　114, 155
クリシュナマチャリア　12
クリスタル　100, 154-159
　アクアマリン　118
　アクセサリー　158
　アベンチュリン　155
　アメジスト　114, 155, 157
　オブシディアン　122
　基底のチャクラ　42, 155, 157
　クリアクォーツ　114, 155
　琥珀　54, 155
　シトリン　66, 155
　心臓のチャクラ　78, 155, 156
　仙骨のチャクラ　54, 155
　第三の目のチャクラ　102, 155
　太陽神経叢のチャクラ　66, 155,
　　158
　ダンビュライト　124
　トルコ石　118
　喉のチャクラ　90, 155, 158
　ハーキマーダイヤモンド　124
　ブラックトルマリン　122
　ブルーレースアゲート　90, 155
　宝冠のチャクラ　114, 155, 157
　瞑想　100, 156
　ラピスラズリ　102, 155
　ラブラドライト　118
　レインボームーンストーン　120
　レッドジャスパー　42, 155

レムリアンシードクリスタル　124
　ローズクォーツ　78, 155, 156,
　　157
クリスタルヒーリング　23, 156-157
クロケット、デヴィー　87
甲状腺　19
後頭部のチャクラ　120
琥珀　54, 155
コブラのポーズ　21, 72

さ

サウンドバス　174
サウンドヒーリング　23, 168-175
　ビージャ　170-171
　マントラを唱える　168-169, 170
魚のポーズ　84-85, 97, 130
サハスラーラ　宝冠のチャクラを参照
サンダルウッドのエッセンシャルオイル
　54, 146, 149
シヴァナンダ、スワミ　12
シェイクスピア、ウィリアム　111
自宅　198-211
下を向いた犬のポーズ　96-97, 130
シトリン　66, 155
ジャスミンのエッセンシャルオイル
　120, 144, 149
消化器系　58
松果体　10, 19, 106
シンギングボウル　23, 172
心臓のチャクラ　10, 68-79, 104
　アファーメーション　68
　意識を高めるエクササイズ　77
　位置　10, 26, 68, 70
　色　68
　歌をうたう　80
　エクササイズ　194
　エッセンシャルオイル　78, 146,
　　149
　エネルギーの流れ　136-137
　エネルギーを高める道具　78
　チャクラのサイン　26, 70
　感じとる　70
　胸腺　19

クリスタル　78, 155, 156
五感　76
サンスクリット語の名前　16-17
自宅　204
人間関係　26
人　186
ヒトルマン、リチャード　12
ヒルデガルド・フォン・ビンゲン　68
瞑想　74
ヨーガのポーズ　21, 72-73,
　84-85, 131
シンデレラ　56
水泳　52
膵臓　19
鋤のポーズ　21
頭痛　16, 27, 94
ステラーゲートウェイチャクラ　124
ストレス
　感情的ストレス　16, 18, 25
　基底のチャクラ　32, 40
　精神的ストレス　16, 18, 25, 32,
　　40, 94
　仙骨のチャクラ　19
　太陽神経叢のチャクラ　10, 25,
　　65
　ホルモン　18, 19
スーパーアースチャクラ　122
スフィンクスのポーズ　72-73, 131
スワディスターナ　仙骨のチャクラを参
　照
生殖器系　19, 44
性的な中心　44, 70
背中のマッサージ　150-153
セルフヒーリング　132-135
仙骨　10, 16, 25
仙骨のチャクラ　44-55, 104
　アファーメーション　44
　位置　10, 25, 46
　色　44, 54
　エクササイズ　194
　エッセンシャルオイル　54, 146,
　　149
　エネルギーの流れ　136-137

索引

エネルギーを高める道具　54
感じとる　46
感情　25, 44
クリスタル　54, 155
琥珀　54, 155
サンスクリット語の名前　16-17
自宅　200
水泳　52
ストレス　19
性的な中心　44, 70
創造性を発揮する　53
ダンス　46
チャクラのサイン　25, 46
人間関係　25, 44, 53
人　190
副腎　18, 19
服　53
水　50, 52
瞑想　50
豊かさ　44, 50, 51
ヨーガのポーズ　21, 48-49, 130
料理　53
創造性　53, 92, 180
ソウルスターチャクラ　124
孫子　39

た
第三の目のチャクラ　92-103, 104, 120
アファーメーション　92
位置　10, 27, 92, 94
色　92, 94
エクササイズ　194
エッセンシャルオイル　102, 147, 149
エネルギーの流れ　136-137
エネルギーを高める道具　102
感じとる　94
クリスタル　102, 155
サンスクリット語の名前　16-17, 92
自宅　208
チャクラのサイン　27, 94
脳下垂体　19

人　182
瞑想　27, 94, 98
ヨーガのポーズ　96-97, 130
太陽神経叢のチャクラ　56-67, 70, 104
アファーメーション　56
位置　10, 25, 58
色　66, 68
エクササイズ　195
エッセンシャルオイル　66, 146, 149
エネルギーの流れ　136-137
エネルギーを高める道具　66
感じとる　58
クリスタル　66, 155, 158
個人の力　56
サンスクリット語の名前　16-17, 58, 188
自宅　202
消化器系　58
膵臓　19
ストレス　10, 25, 65
チャクラのサイン　25, 58
火　58
人　188
瞑想　62
ヨーガのポーズ　60-61, 131
食べ物
カラーヒーリング　164-165
料理　41, 53, 204
ダンス　46
チャイム　173
チャイルドポーズ　21, 131
チャクラの絵を描く　138
チャクラのダウジング　142
長座前屈のポーズ　108-109, 131
電子機器　94, 112
どら　173
トルコ石　118

な
内分泌系　18
ナット・ハン、ティク　99
日光　64, 65

尿路感染　25
人間関係　25, 26, 44, 53, 80
眠る　106, 112, 114, 132, 157
ネロリのエッセンシャルオイル　124, 144, 149
脳下垂体　19
ノート　28
喉のチャクラ　80-91, 104, 120
アファーメーション　80
位置　10, 26, 82
色　68, 80
歌をうたう　26, 80, 86
エクササイズ　195
エッセンシャルオイル　90, 147, 149
エネルギーの流れ　136-137
エネルギーを高める道具　90
感じとる　82
クリスタル　90, 155, 158
甲状腺　19
サンスクリット語の名前　16-17
自宅　206
真実を告白する　88-89
チャクラのサイン　26, 82
話す　16, 26, 80, 82
人　184
前向きなコミュニケーション　88
マントラ　80
瞑想　86
ヨーガのポーズ　21, 84-85, 130

は
蓮の花　16, 17, 104
話す　16, 26, 80, 82
ひざを胸にかかえるポーズ　20
ビージャ　170-171
ビジュアライゼーション　瞑想を参照
泌尿生殖器系　25
火のエレメント　58

221

風水　173, 202
服　41, 53, 166
副腎　18, 19
仏陀　75
プラーナ　10, 14
フランキンセンスのエッセンシャルオイル　102, 147, 149
ブルーレースアゲート　90, 155
ベイリー、アリス　18
ベチバーのエッセンシャルオイル　122, 149
ベリーダンス　46
ベルナルド、テオス　12
ベンゾイン　42, 146, 149
宝冠のチャクラ　92, 104-115, 124
　アファーメーション　104
　位置　10, 27, 106
　色　104
　エクササイズ　195
　エッセンシャルオイル　114, 147, 149
　エネルギーの流れ　136-137
　エネルギーを高める道具　114
　身体のサイン　27, 106
　感じとる　106
　クリスタル　114, 155, 157
　サンスクリット語の名前　16-17, 104
　自宅　210
　松果体　19, 106
　蓮の花　104
　人　180
　瞑想　110
　ヨーガのポーズ　108-109, 131
ホホバオイル　78, 120, 144, 149
ホリスティックセラピー　12, 18, 22-23
ホルモンの機能　18, 19, 106
ホワイト、ウィリアム・アレン　63

ま

マズロー、アブラハム　198
マニプーラ　太陽神経叢のチャクラを

参照
マハリシ・マヘーシュ・ヨーギ　12
マントラ　80, 169
水のエレメント　50, 52
ムーラダーラ　基底のチャクラを参照
瞑想　12
　エッセンシャルオイル　42, 54, 102
　カラーエネルギーサーキット　128, 140
　基底のチャクラ　34, 38, 42
　クリスタル　100, 156
　心臓のチャクラ　74
　仙骨のチャクラ　50
　第三の目のチャクラ　27, 94, 98
　喉のチャクラ　86
　宝冠のチャクラ　110
メラトニン　106

や

山のポーズ　36-37, 42, 130
豊かさ　44, 50, 51
腰痛　24, 34, 46, 73
ヨーガ　12
ヨーガのポーズ　12, 20-21
　合蹠のポーズ　48-49, 130
　基底のチャクラ　20, 36-37, 42, 130
　コブラのポーズ　21, 72
　魚のポーズ　84-85, 97, 130
　下を向いた犬のポーズ　96-97, 130
　心臓のチャクラ　21, 72-73, 84-85, 131
　鋤のポーズ　21
　スフィンクスのポーズ　72-73, 131
　仙骨のチャクラ　21, 48-49, 130
　第三の目のチャクラ　96-97, 130
　太陽神経叢のチャクラ　60-61, 131
　チャイルドポーズ　21, 131
　長座前屈のポーズ　108-109,

131
　妊娠　73
　喉のチャクラ　21, 84-85, 130
　ひざを胸にかかえるポーズ　20
　宝冠のチャクラ　108-109, 131
　山のポーズ　36-37, 42, 130
　ラクダのポーズ　60-61, 131
　連続ポーズ　130-131

ら

ラクダのポーズ　60-61, 131
ラピスラズリ　102, 155
ラベンダーのエッセンシャルオイル　114, 147, 149
料理　41, 53, 204
レインボームーンストーン　120
レッドジャスパー　42, 155
レモンのエッセンシャルオイル　66, 146, 149
蓮華座　34
老子　213
ローズクォーツ　78, 155, 156, 157
ローズのエッセンシャルオイル　78, 144, 146, 149
ローマンカモミールのエッセンシャルオイル　90, 147, 149

PICTURE ACKNOWLEDGEMENTS

The publisher would like to thank the following for permission to reproduce copyright material:

Alamy Stock Photo/Image Source: 40 (left); Johner Images: 203; Mariusz Szczawinski: 83; Radius Images: 211; Westend61 GmbH: 167. **Ivy Press/**John Woodcock: 19. **Prashanthns/**CC BY-SA 3.0: 13. **Shutterstock/**Africa Studio: 145, 147 (far right); Alex Segre: 177; Alexander Raths: 40 (right); AmyLv: 146 (centre left); Atosan: 179; Berislav Kovacevic: 205; Brandon Heiss: 173; Christian Bertrand: 64 (left); Cultura Motion: 71; Denis Belitsky: 213; DGLimages: 28; Fabrizio Misson: 187; Feyyaz Alacam: 59; fizkes: 9; Flexey: 53 (left); Gamzova Olga: 146 (centre right); haveseen: 195; iko: 183; ImageFlow: 113; Jacob Lund: 181, 201; Julia Metkalova: 165; Karelian: 47; Kazmulka: 147; KucherAV: 41 (top); Kzenon: 64 (right); lightpoet: 127; Luna Vandoorne: 35; MediaGroup_BestForYou: 166; Microgen: 172, 175; Monkey Business Images: 189, 191, 207, 209; Narong Jongsiriku: 164; Nikodash: 77; Ocskay Mark: 14; Olga Zelenkova: 4; Photographee.eu: 95, 193; Pixeljoy: 18; plprod: 144; PlusONE: 52; Roman Kosolapov: 185; S.Borisov: 65; S.SITTA H: 146 (far left); shooarts: 53 (right); Sollex: 19; Swapan Photography: 147; Syda Productions: 197; Symonenko Viktoriia: 41 (bottom); Tatyana Chaiko: 76; TijanaM: 2; Trybex: 173; vasanty: 23 (top); wavebreakmedia: 107, 117; ZephyrMedia: 112.

All reasonable efforts have been made to trace copyright holders and to obtain their permission for the use of copyright material. The publisher apologizes for any errors or omissions in the list above and will gratefully incorporate any corrections in future reprints if notified.

著　者：**ジェニー・ハーディング**（Jennie Harding）
ヒーラーとして 25 年以上のキャリアをもち、クリスタルヒーリング、クリスタルエ
ネルギーレメディなど、さまざまなヒーリングを実践している。心と身体と魂に
関連した分野において 15 冊以上の著書がある。主な著書に『クリスタルズ』
（ガイアブックス）など。

翻訳者：**宮田 攝子**（みやた せつこ）
上智大学外国語学部ドイツ語学科卒業。訳書に『クリスタルズ』『アーユルヴ
ェーダ美容健康法 新装普及版』『クイック・リフレクソロジー』『実践エンジェ
ル』（いずれもガイアブックス）など多数。翻訳雑誌の記事執筆も手がける。

SECRETS OF CHAKRAS
実践 チャクラヒーリング

発　　　行　2019 年 10 月 1 日
発　行　者　吉田　初音
発　行　所　株式会社 **ガイアブックス**
〒107-0052 東京都港区赤坂 1-1　細川ビル 2F
TEL.03 (3585) 2214　FAX.03 (3585) 1090
http://www.gaiajapan.co.jp

Copyright GAIABOOKS INC. JAPAN2019
ISBN978-4-86654-022-1 C0077

落丁本・乱丁本はお取り替えいたします。
本書を許可なく複製することは、かたくお断わりします。
Printed in China